Alfred Hillebrandt
Buddhas Leben und Lehre

Herausgegeben und mit einem Vorwort versehen
von Christiane Beetz

Reihe ReligioSus, Band X

SE**V**ERUS
Verlag

Hillebrandt, Alfred: Buddhas Leben und Lehre
Hamburg, SEVERUS Verlag 2011.
Nachdruck der Originalausgabe, Berlin 1925.

Reihe ReligioSus: Band X,
Herausgegeben von Christiane Beetz

ISBN: 978-3-86347-200-9
Druck: SEVERUS Verlag, Hamburg, 2011

Bibliografische Information der Deutschen Nationalbibliothek:
Die Deutsche Nationalbibliothek verzeichnet diese Publikation in der Deutschen Nationalbibliografie; detaillierte bibliografische Daten sind im Internet über http://dnb.d-nb.de abrufbar.

© **SEVERUS Verlag**
http://www.severus-verlag.de, Hamburg 2011
Printed in Germany
Alle Rechte vorbehalten.

Der SEVERUS Verlag übernimmt keine juristische Verantwortung oder irgendeine Haftung für evtl. fehlerhafte Angaben und deren Folgen.

SEVERUS
Verlag

Vorwort der Herausgeberin zur Reihe ReligioSus

Die Suche nach Antworten auf die Fragen ‚Wo komme ich her? Wo gehe ich hin? Warum gibt es mich?' sind elementarer Bestandteil unseres menschlichen Daseins. Religionen haben Menschen in jedem Zeitalter dabei geholfen, diese Fragen zu ergründen. Jede Religion hat dabei im Laufe der Jahrhunderte einen eigenen Weg gefunden, dem Sinn des Lebens nachzuspüren. Die monotheistischen Religionen Christentum, Islam und Judentum mit dem unsichtbaren, allgegenwärtigen Gott erklären die Erfüllung jeglicher Existenz mit der Anbetung des einen Gottes. Andere Religionen wie der Buddhismus oder der Konfuzianismus lehren ein Leben nach ethischen Grundsätzen, die weniger auf einem Glauben an einen einzigen Gott als auf philosophischen, humanistischen Ideen beruhen.

Religionen sind ein Spiegelbild der Menschheit in der Welt. Mit ihren jeweils ganz unterschiedlichen Ansätzen prägen Religionen die Kulturen, in denen sie gelebt werden. Sie beeinflussen das menschliche Handeln, Denken und Fühlen mit ihren Gottesvorstellungen oder Weltanschauungen. Oft genug gaben religiöse Auslegungen den Anlass für kriegerische Auseinandersetzungen. Sie sind aber auch immer wieder ein Leitfaden für einen toleranten, menschenwürdigen Umgang mit dem Nächsten.

Frauen und Männer haben sich zu allen Zeiten mit den verschiedenen Glaubenslehren beschäftigt. Oft waren es tief gläubige Menschen, die ihre Erfahrungen mit dem Außergewöhnlichen aufgeschrieben haben. Aber auch kritische Auseinandersetzungen mit den Missständen der Religionen gehören zur jeweiligen Epoche. Die Bücher all dieser Menschen sind Dokumente ihrer Zeit, sie geben Aufschluss über die Geschichte und Geschichten der Religionen.

Die Reihe „ReligioSus" hat es sich zur Aufgabe gemacht, längst vergessene Dokumente einem breiteren Publikum wieder zugänglich zu machen. Unabhängig von Religion und Einstellung zu derselben bieten die Bücher dieser Reihe einen generellen Einblick in die Welt der Religionen. „ReligioSus" vereint Werke, die sich auf unterschiedlichste Weise mit dem Phänomen Religion und deren Beeinflussung unserer Wertvorstellungen beschäftigen. Auf diese Weise soll mit „ReligioSus" die Vielfalt religiöser Dokumente, die die jeweiligen Fragen und Auseinandersetzungen ihrer Zeit aufgenommen haben, aufgezeigt werden.

Soweit möglich erfolgt ein originalgetreuer Nachdruck. Wo es notwendig erscheint, werden die Texte in das heutige Schriftbild übertragen. Eine inhaltliche Veränderung findet nicht statt.

Christiane Beetz, Herausgeberin

Christiane Beetz, geb. 1965 in Hamburg, studierte Germanistik, Religionswissenschaft und Alte Geschichte. Nach einigen Jahren im Buchhandel arbeitet sie jetzt als Lektorin. Außerdem ist sie ausgebildete Prädikantin und schreibt freiberuflich für die „Evangelische Zeitung".

Vorwort zum Buch

"Erlöst ist der Vollendete, zur vollen Erkenntnis gelangt.
Tut euer Ohr auf: das Unsterbliche ist gewonnen.
Ich unterweise euch; ich predige euch die Lehre."

Im 6. Jahrhundert vor unserer Zeitrechnung wurde im heutigen Nepal der Sohn eines Fürsten geboren. Sein Name: Siddharta Gautama. Er erhielt den Beinamen ‚Shakyamuni', was ‚der Weise aus dem Geschlecht der Shakya' bedeutet. Sein Vater wollte ihn von allem Leid der Welt fernhalten und somit lebte Siddharta im Palast wie in einem goldenen Käfig.

Doch früh schon spürte Siddharta[1], dass er eine besondere Aufgabe zu erfüllen hat. Auf mehreren Ausritten begegnete dem verwöhnten Fürstensohn das Leid: in Gestalt eines Greises, eines Pestkranken und während ein Leichenzug an ihm vorüberzog. Er gelangte zu der Überzeugung, dass alles Leben in der Realität immer Leiden beinhaltet.

Siddharta floh mit 29 Jahren aus seinem Palast, verließ Frau und Kind und begab sich auf die Suche nach einem Weg aus diesem Leiden. Wie im Hinduismus glaubte auch Siddharta an den Lebenskreislauf durch Wiedergeburt, die maßgeblich vom jeweiligen Karma des einzelnen Menschen bestimmt wird. Doch er gab sich nicht damit zufrieden, sich seinem Schicksal zu ergeben. Er wollte erfahren, ob es möglich wäre, den Kreislauf zu durchbrechen. Das Ziel sollte es sein, nach einer letzten Wiedergeburt das *Nirvana*[2] zu erreichen.

Siddharta glaubte zuerst, diesen Zustand dadurch zu erlangen, dass er in völliger Askese bis zur Selbstaufgabe des eigenen Daseins lebte. Doch nach langen sechs Jahren spürte

---

[1] Der Name bedeutet in etwa ‚*der das Ziel erreicht hat*'

[2] Es ist bis heute unklar, worum es sich dabei genau handelt, häufig wird es übersetzt mit „Windstille" oder „Nicht-Wehen".

er, dass dieser Weg auch wieder nur Leiden hervorruft. In einer seiner späteren Predigten sagte er:

„Es gibt zwei Wege, ihr Mönche, die muß der meiden, welcher der Welt entsagt. Welche zwei? Der eine ist der in Lüsten, die Hingabe an Lust und Behagen; der ist niedrig, gemein, gewöhnlich, unedel, zwecklos. Der andere ist Hingabe an Selbstpeinigung; der ist schmerzvoll, unedel, zwecklos. Keinen der beiden berührt der Pfad der Mitte, der vom Vollendeten erkannt, den Blick öffnet, die Erkenntnis öffnet, zu Frieden, Einsicht, Erweckung, Nirvana führt."

Er ging fortan den „Weg der Mitte", der sich nicht auf extreme Lebensarten berief, sondern vor allem durch Meditation und das Wissen um diesen Weg den Zugang zur eigenen Mitte beschrieb. Siddharta setzte sich unter einen Baum und meditierte fünf Wochen. Er wurde zum Buddha, zum „Erleuchteten". Nun machte er sich auf und predigte vom Mittelweg. Er formulierte vier Wahrheiten, die den Zustand des Leidens und den Weg aus dem Leiden beschreiben und lehrte diesen Weg allen, die er aufsuchte. Er starb im hohen Alter von 80 Jahren.

Siddharta Gautama Buddha hinterließ keine eigenen schriftlichen Aufzeichnungen. Diese entstanden erst ca. 400 Jahre später, vorher wurden alle Erzählungen mündlich weitergegeben. Immer wieder musste er sich gegen hinduistische Anfechtungen durchsetzen. So lehnte er das hinduistische Kastenwesen offiziell nicht ab. Aber durch die Tatsache, dass nach Buddha alle Menschen unabhängig von ihrer Herkunft die Erleuchtung erlangen können, unterlief er das streng reglementierte Gesellschaftssystem des Hinduismus. Auch standen für ihn die Veden, die wichtigsten religiösen Schriften im Hinduismus, nicht mehr im Mittelpunkt und damit verbunden auch nicht der Dienst der obersten Kaste, der Brahmanen. Buddha setzte sich für die Gleichberechtigung von Mann und Frau ein und gründete das erste Frauenkloster. Der Buddhismus verehrt Siddharta Gautama Buddha nicht als Gott, wohl aber als denjenigen, der in diesem Zeitalter den Menschen den Weg aus dem Leiden zeigt. Nach buddhistischer Lehre war er nicht der einzige Buddha. Vor ihm gab es bereits 24 Buddhas und nach ihm, so heißt es, werden weitere kommen. Die Menschheit durchläuft daher dunkle und helle, vom jeweiligen Buddha erleuchtete Zeitalter.

Alfred Hillebrandt wurde 1853 im heute polnischen Groß Nädlitz geboren und gilt als einer der größten Sanskritologen seiner Zeit. Er studierte in München und Breslau, wo er später als Philologe Sanskrit lehrte, die heilige Sprache des Hinduismus und teilweise auch des Buddhismus. Sein „Elementarbuch der Sanskritsprache" war das grundlegende Lehrwerk des Fachbereichs. Hillebrandt verfasste über 50 Schriften, wobei sein Schwerpunkt in der Vedischen Mythologie lag.

Das vorliegende Werk „Buddhas Leben und Lehre" schrieb Hillebrandt 1925. Er erzählt darin vom Leben des Siddharta Gautama Buddha, dessen Geburt und Kindheit, seiner ersten grundlegenden Predigt von Benares, beschäftigt sich mit der Frage, ob der Buddhismus eine Religion oder doch eher eine Philosophie ist und beschreibt die Einflüsse des Buddhismus auf andere Religionen wie z.B. das Christentum:

„Der Augenblick der Empfängnis bringt die ganze Natur in Aufregung: Blinde werden sehend, Taube hörend. Engel beschirmen mit Schwertern während der Schwangerschaft Mutter und Kind. Nicht minder begleiten seltsame Zeichen die Geburt."

Alfred Hillebrandt gelingt es, die Lebensgeschichte des Siddharta Gautama Buddha spannend und doch sachlich zu erzählen. Durch die Einbindung zahlreicher Zitate aus Reden des Buddha lässt er die Begeisterung für den Buddhismus spürbar werden.

„Ein unendlicher Glanz, der die Herrlichkeit der Götter überstrahlte, wurde sichtbar und verbreitete sich weithin."

Christiane Beetz, Hamburg im Dezember 2011

Inhaltsübersicht

Buddhas Heimat und Jugend 7
Das Land der Schakya. Ruinen und Funde. Politische und wirtschaftliche Verhältnisse. Gotamas Geburt und Name. Wunderlegenden. Das „große Scheiden" von der Heimat. Askese. Die sieben Nächte unter dem Bodhibaum. Die Kausalitätsreihe. Versuchung durch Mara. Die ersten Jünger.

Die Zeit vor und um Buddha 26
Die alte Opfertechnik und ihre Wurzeln im Volke. Tapas (Kasteiung) und Yoga (Anspannung). Philosophische Anläufe. Brahmana und Upanischaden. Brahman, das Selbst. Sankhya- und Yogasystem. Sadhu (Fakire). Meditation als Weg zum Heil. Lehrer, Sophisten und Dialektiker. Seelenwanderung. Karman.

Die Denkmäler der Lehre 48
Entstehung des „Dreikorb" (Tripitaka). Die ersten buddhistischen Konzilien. Handschriften und Inschriften. Ältere und jüngere Schichten im buddhistischen Kanon.

Die Predigt von Benares 54
Buddha läßt das Rad der guten Lehre rollen. Der achtteilige Pfad und die Wahrheit von der Entstehung und Aufhebung des Leidens. Das rechte Sehen (Glauben). — Die Sittenlehre: Der Weg der Laien und der Mönche (Nonnen). Allgemeine Sittlichkeitslehre. Die fünf Verbote für den Hausvater, die weiteren für den Mönch. — Die Versenkung: Vorbedingungen. Die vier Stufen. Andere Meditationswege. Die letzten Wiedergeburten. Arhat, Pattshekabuddha, Sammasambuddha.

Nibbana (Nirvana) 69
Ableitung des Wortes und Erklärungen. Es ist nicht der „ewige Tod". Erlöste und endgültig Erlöste. Die Stätte der Seligkeit.

Beabsichtigter Agnostizismus 76
Ablehnung metaphysischer Streitfragen. Buddha will nur die Herzen freimachen. Gespräch zwischen Sariputta und Kassapa. Buddhas Antwort an Malunkyaputta und Vatscha. Die Antwort der Nonne Khema.

Die Kausalitätsreihe 82
Nichtwissen. Wahngebilde. Erkennen. Name und Körperlichkeit. Die sechs Gebiete. Berührung, Empfindung, Durst, Ergreifen, Werden, Geburt, Alter, Tod, Schmerz, Kümmernis, Verzweiflung. Schwierigkeiten bei der Deutung einzelner Glieder.

Die Seele 85
Gespräch zwischen Milinda (Menander) und Nagasena. Die Fragen des Vatschagotta. Leugnete Buddha die Existenz einer Seele? Verschiedene Ansichten der Erklärer.

Buddhas Person und Lehrweise 93
Anerkennung durch Gegner. Seine Persönlichkeit und Sprache. Verwendung von Fabeln und Märchen.

Die Gemeinde 102
Keine Kastenunterschiede. Die ersten Jünger; ihre Herkunft. Missionstätigkeit. Aufnahme neuer Anhänger. Laienmitglieder. Novizen. Pflichten der Mönche. Spaltungen und Anfeindungen. Weibliche Ordensmitglieder. Bußtag und Pavarana. König Aschoka. Reliquienkultus. König Kanischka. Vergangene und zukünftige Buddha.

Der Niedergang 132
Zahl der Buddhisten in Indien. Grund des Niedergangs. Das andere Indien.

Buddhismus und Abendland 139
Älteste ostwestliche Beziehungen. Indische Einwirkungen. Bekanntwerden der ersten buddhistischen Texte. Neuere Forschungen. Buddhistische Einflüsse in der deutschen Kunst. — Gegensätze zum Christentum und gemeinsame Züge. Übertriebene Gefühlsweichheit im Buddhismus. Nicht Haß noch Liebe. Buddhistische Entlehnungen in den Evangelien, Apokryphen und christlichen Legenden.

Buddhas Heimat und Jugend

Im 6. Jahrhundert vor Christus befand sich der Norden Indiens in lebhafter Bewegung. Auf allen Straßen zogen heilsuchende Pilgrime. Sie scharten sich um große Lehrer, um aus ihrem Munde die Erlösung bringende Wahrheit zu erfahren. In lieblichen Hainen, an freundlich gelegenen Orten hielten sie sich nach altem Brauch auf, um der Askese, der Meditation, der Versenkung sich hinzugeben. Einer von ihnen war Gotama Buddha aus dem Geschlecht der Schakya, der Stifter des nach ihm benannten Religionssystems.

Hoch im Norden von Indien, an der Grenze des heutigen Nepal, lag das Gebiet der Schakya. Die Schneehäupter des Himalaya schauten von fern auf das kleine, fruchtbare Land, das, bewässert von den dem Gebirge entströmenden Flüssen, durch den Anbau der Reisfelder den Wohlstand der Bewohner sicherte. Im Süden von der Rapti umflossen, im Osten von der Rohini begrenzt, liegt es nahe der Grenze des heutigen Bastidistrikts, der sowie das anstoßende, an Salbaumhainen, Teichen, Gewässern nicht minder reiche Gorakhpur noch viele Trümmer aus der buddhistischen Zeit beherbergt. Kapilavastu war der Name seiner Hauptstadt; „Rotort" oder, wie manche Gelehrte glauben, „Stadt der Kapila", nach dem großen Lehrer der Sankhyaphilosophie so genannt.

Als chinesische Buddhisten im Anfange des 5. und in der Mitte des 7. Jahrhunderts n. Chr. die geheiligten Stätten ihres Glaubens in Indien besuchten, lag Kapilavastu schon in Trümmern. Fa-hien schreibt in seinem Reisebericht: „In dieser Stadt gibt es weder König noch Volk; das Land selbst ist jetzt eine große Wüste; man trifft selten auf der Straße jemand aus Furcht vor weißen Elefanten und Löwen. Es ist unmöglich, dort behaglich zu reisen." Der andere, der durch sein großes Reisewerk berühmte Hsüan-Tsang, stellt gegen zehn Städte fest, vollständig verlassen und wüst. Die Hauptstadt des Landes sei verfallen und ein Trümmerhaufen; der königliche Bezirk innerhalb der Stadt messe im Umfange 14 oder 15 Li (eine chinesische Meile=444,5 Meter). Alles sei aus Ziegeln gebaut. Es gebe dort tausend oder mehr verfallene Klöster; eines enthalte noch 3000 Mönche, die das „kleine Fahrzeug der Schakyaschule" studieren. Ausgrabungen, die gegen Ende des vorigen Jahrhunderts dort gemacht wurden, förderten die Trümmer einer Säule an der Stelle des berühmten Lumbinihaines zutage, deren Inschrift sie als ein Denkmal der Erinnerung bezeichnet, daß hier Buddha der Weise aus dem Schakyageschlecht geboren sei. König Aschoka, der große Schirmherr des Buddhismus, der so viele Denksäulen mit frommen Inschriften als Zeichen seiner Verehrung des buddhistischen Glaubens hatte errichten lassen, war der Stifter auch dieses Denkmals. Hsüan-Tsang hatte sie gesehen und bei der Besprechung der Grabhügel in der Umgegend von Kapilavastu erwähnt, daß in der Nähe dieses Grabhügels (stupa) eine große Steinsäule sich befinde, die von König Aschoka gesetzt worden sei und zerbrochen am Boden liege. Nicht minder wichtig für die Feststellung der historischen Stätte war ein anderer Fund, den ein Engländer etwa 13 Kilometer von Kapilavastu bei dem noch auf britischem Boden gelegenen Ort Piprada in einem Grab- und Reliquienhügel machte. Auf dessen Grunde befand sich in einem großen Steinkasten ein Steatitgefäß mit der Inschrift in alter Schrift und in der Magadhisprache: „Dieser Reliquienbehälter des erhabenen Buddha aus dem Geschlecht der Schakya ist die fromme Stiftung der Brüder des Schakya, zusammen mit den Schwestern, ihren Söhnen und Frauen." Ferner enthielt der Kasten Wertstücke aus Gold, Silber, Edelgestein, auf deren einigen die Figur eines Löwen oder das mystische Zeichen des Svastika (Hakenkreuz) eingeprägt war. Die Inschrift legt trotz der in der Einzelerklärung liegenden Schwierigkeiten urkundlich ein wichtiges Zeugnis für die Heimat Buddhas und deren Lage ab. Als Buddha starb und seine Leiche verbrannt war, kamen die Abgesandten verschiedener Länder, um einen Teil der Überreste in Empfang zu nehmen; unter den dazu Abgeordneten befand sich eine Gesandtschaft der Schakya von Kapilavastu.

Das Land war nicht groß, nach einer Angabe von Hsüan-Tsang nur 4000 Li (etwa 175 km) im Umfang. Man hat geglaubt, daß es ein republikanisch regierter Kleinstaat war, zu dessen edlen Geschlechtern die Familie der Schakya gehörte, und dessen Oberhaupt Suddhodana („Weiß-Reis", nach dem Haupterzeugnis des Landes) den Titel Radscha führte. Es ist aber nicht sicher, ob nicht die alte Annahme, er sei König des Ländchens gewesen, doch das Richtige traf, denn Hsüan-Tsang spricht von dem „königlichen Bezirk" in der Hauptstadt Kapilavastu. Der Einwurf, daß ein König in den Palitexten sonst Maharadscha genannt werde, scheint kein hinreichender Gegengrund. Suddhodana kann von den Kosala abhängig gewesen sein, zu deren Reich das Land in naher Beziehung stand. Die Schakya waren ein stolzes Geschlecht, das seinen Stammbaum auf den alten König Okkaka zurückführte und in Kapilavastu herrschte wie die Malla in Kusinara. Buddha nennt Kapilavastu „der Schakya eigenes Heim". Der junge, auf seine Abkunft nicht wenig stolze Brahmane Ambattha kam einst zu Buddha, um ihn zu befragen, und beschwerte sich dabei über die Schakya, die roh, grob und wild seien und ihn als Brahmanen nicht angemessen behandelt hätten. Er sei im Auftrage seines Lehrers in das Rathaus von Kapilavastu gekommen, wo sich gerade eine Anzahl von Schakya befanden, die auf hohen Stühlen saßen und mit den Fingern aneinanderstießen; sie hätten wohl über ihn gelacht, auch habe ihn keiner aufgefordert, einen Sitz einzunehmen. Adel, Bürger und Schudra seien dazu da, den Brahmanen zu dienen. In einer reizvollen Unterredung weist Buddha dem Jüngling nach, daß er der Nachkomme einer Sklavin der Schakya sei und diese demnach seine Herren; aber für den, der im Besitz vollkommenen Wissens sei, gebe es Kaste oder Stammbaum gar nicht, das seien nur dünkelhafte Worte.

Im Westen vom Schakyalande lag das große Reich der Kosala, zu denen sich die Schakya selber rechneten, ungefähr dem heutigen Oudh entsprechend, östlich die Videher und von diesen im Süden Magadha, das berühmteste all dieser Länder, das durch die in ihm liegenden heiligen Stätten wie Gaya und andere allen buddhistischen Herzen besonders teuer ist. Über die politischen und wirtschaftlichen Verhältnisse des Nordens in jenem Jahrhundert ist wenig bekannt. R. Fick („Die soziale Gliederung im nordöstlichen Indien", Kiel 1897) und Mrs. Rhys Davids (in der Cambridge History of India I, 198 ff.) haben die spärlichen Hinweise der Texte und besonders die wertvollen Angaben der „Geburtslegenden" zu einem Bilde vereinigt, das von Verkehr und Wohlstand spricht.

Karawanen, von weg- und sternkundigen Führern geleitet, zogen auf den großen Handelsstraßen durch jene Gebiete, in dem Benares ein wirtschaftlicher Mittelpunkt war, und trugen ihre Erzeugnisse — Seide, Muslin, Edelsteine, Gold — zu den Seehäfen wie Barygaza (heute Broach) oder ließen sie zu Lande nach dem Westen oder Zentralasien gelangen. Es ist nicht anzunehmen, daß der Norden einen so ausgedehnten Handelsverkehr damals oder später kannte wie der Süden, dessen Ausfuhr ganze Kuliladungen von Silbermünzen mit den Bildern von Nero und Tiberius beglichen, so daß Rom über den Export von Gold klagte, mit denen es die Kostbarkeiten, die seine Familien aus Indien begehrten, bezahlen mußte. Aber es ist doch glaublich, daß auch im Norden schon zu Buddhas Zeit Handel und Wandel in Blüte stand. Wir hören wiederholt von millionenschweren Brahmanen; wir hören, daß der reiche Kaufmann Anathapindika, der nach einer Stätte suchte, würdig, Buddha und seinen Jüngern als Aufenthalt zu dienen, dem

Prinzen Dscheta seinen Park abzukaufen beschloß, und dessen Forderung erfüllte, den Grund und Boden mit Goldstücken zu belegen. Mag die Geschichte durch die übertreibende Überlieferung aufgebauscht sein: ein Anlaß wird ihr zugrunde liegen. Sie hat sich als Beispiel glänzender Freigebigkeit buddhistischer Frommer in der Überlieferung erhalten und in den Reliefen des großen Bharhutstupa aus dem 3. Jahrh. v. Chr. eine sehr realistische Darstellung gefunden, wo der mit Gold beladene Ochsenwagen zu sehen ist und ein Diener des Kaufmanns die Goldbarren auf dem Erdboden ausbreitet. Wir lesen von Ackerbau und Viehzucht und vom Gildewesen, das in seinen Anfängen bestanden zu haben scheint. Der Kastenunterschied zeigt sich hier im Osten, wo der brahmanische Einfluß weniger zur Geltung kam, stark gemildert, weil die Wirklichkeit mächtiger war als der Vorzug der brahmanischen Geburt und die Söhne der vornehmsten Schichten zwang, als Ackerbauer, Händler, Jäger dem Broterwerb nachzugehen. Es heißt zum Beispiel von einem Brahmanen, daß er mit dem Bogen im Walde jagte und durch Verkauf des Wildes sein Leben fristete. „Wir haben schon für die damalige Zeit ähnliche Abstufungen, ähnliche Gegensätze innerhalb der brahmanischen Kaste anzunehmen," bemerkt Fick, „wie sie das heutige Indien aufweist, wo eine breite Kluft die stolzen Priester von Benares und die Pandit von Bihar in ihren fleckenlosen Gewändern von den kartoffelbauenden Brahmanen Orissas trennt, halbnackten Bauern, die niemand ihrer Kaste würdigte, wenn sie nicht das schmutzige Stückchen Brahmanenfaden um den Hals kennzeichnete."

Aber auch sonst dürften die Unterschiede zwischen den einzelnen Volkskreisen im Osten, besonders in Kosala und Magadha, wo der Buddhismus zuerst Anhänger fand und fern von den heiligen Landen des Brahmanismus emporblühte, weniger streng gewesen sein, wie die Ablehnung des Brahmanismus durch Buddha zeigt.

Buddhas Geburtsjahr ist nicht genau, aber mit verhältnismäßiger Sicherheit festzustellen und bildet einen der wenigen festen Punkte, den wir für die Genealogie des ältesten Indien haben. Sein Todesjahr fiel in das Jahr 477 v. Chr., wie Max Müller auf Grund der Angaben südlicher Chroniken festgestellt hat, oder vielleicht 480. Wir wissen weiter, daß er gegen 80 Jahre alt wurde, und sind dadurch imstande, die Mitte des 6. Jahrhunderts v. Chr. als die Zeit seiner Geburt anzusetzen. Seiner Zeit voraus liegt die ganze vedische Literatur. Sein Name Gotama [Sanskrit: Gautama][1] ist einem der ältesten Priestergeschlechter entlehnt und bezeichnet den Zweig der Schakya, dem Buddha angehörte. Siddhartha, der „Erfolgreiche", ist der vom Vater gegebene Zuname, „Buddha", der „Erleuchtete", sein religiöser Name,

---

[1] Sanskrit ist der Name, den die ganze alte und heilige Sprache Indiens führt. Eigentlich nur der Dialekt, der durch die Arbeiten einheimischer Grammatiker geregelt und eingeführt wurde, ist es seit mehr als zweitausend Jahren das sprachliche Verkehrsmittel der Gelehrten- und Priesterkaste, heute noch ein gelehrtes Dasein führend wie das Latein bei uns im Mittelalter. Der Name „Pâli" bezeichnet die heilige Sprache des südlichen Buddhismus und bedeutet nach Geiger u. a. „Text", „heiliger Text", wohingegen neuerdings Walleser das Wort aus Pataliputta herleiten will, der Hauptstadt des Landes Magadha, im Nordosten von Indien, dem heutigen Bihar, in dessen Sprache nach der Überlieferung und nach der Ansicht mehrerer Forscher Buddha seine Lehre verkündigte. Es war wohl kein reiner Volksdialekt, sondern eine Hoch- oder Mischsprache, in der zwar verschiedene Elemente zusammenflossen,

so wie Jesus „Christus" heißt. Daneben führt er auch oft die Bezeichnung Schakyamuni, der Weise aus dem Hause Schakya, so wie Christus der Sproß aus dem Hause David genannt wird, oder er ist Samana Gotama, der „Asket Gotama". Häufig begegnet man der Bezeichnung tathagata, der „also gewandelte", meist „der Vollendete" übersetzt, welchen Namen Buddha auf sich anwendet, wenn er von sich spricht, den man aber auch auf jeden anwenden kann, der auf dem Wege der Erkenntnis bis zur Erlösung fortgeschritten ist. Daneben findet sich noch ein anderer Name: „Bodhisatta" („Bodhisattva"). „Buddha" ist ja Gotama erst seit der ihm unter dem Feigenbaum zuteil gewordenen Erleuchtung; vorher war er noch ein ‚Wesen der Erkenntnis', ein auf dem Wege zur höchsten Vollendung von Geburt zu Geburt fortschreitendes Wesen, und das ist ein Bodhisattva. Vor Erlangung dieser Erleuchtung hat jeder Buddha viele Existenzen durchzumachen und in jeder von ihnen einen Schatz von Verdiensten sich zu erwerben. So durchlebte auch unser Buddha[1] als Bodhisattva eine unendliche Stufenfolge von Geburten: bald wurde er als Gott, bald als Brahmane oder irgendein

---

Eigentümlichkeiten des alten Dialektes von Magadha aber noch durchschimmern. Vielleicht haben wir auch mit dem unlängst verstorbenen Pâliforscher Rhys Davids an Kosala zu denken, das damals das mächtigste Reich in Indien war, auf dessen Sprache sich dann das Pâli der kanonischen Bücher gestützt hätte. Buddha nannte sich ja selbst einmal einen Kosala und sprach wohl von Hause aus diesen Dialekt. Ich werde hier, wo es nötig erscheint, neben einem Pâliwort das Sanskritwort zu geben, letzteres hinter jenem in Klammer anführen.

[1] Es mag hier bemerkt werden, daß das Schwanken zwischen Buddha und Buddho folgenden Grund hat. Letzteres ist der Nominativ; das Wort mit a dagegen der reine Stamm, der von der indischen Grammatik bevorzugt wird. Gautama ist die Sanskritform im Stamm, Gotamo die Pâliform im Nominativ.

anderer Mensch, bald als Tier geboren und hat dabei immer Beweise besonderer Tugend und Seelengröße gegeben. In den „Geburtslegenden" erzählt er Erlebnisse aus diesen früheren Geburten.

Die Lebensgeschichte von Buddha ist mit wenigen Worten erzählt, wenn man sich nur an die sicher überlieferten Tatsachen hält und nicht die zahlreichen Legenden herbeizieht, die dieses Leben schon in seiner ersten Jugend für die Gläubigen reich ausgemalt oder mit Wundern ausgeschmückt haben. So sieht Maya, Gotamas Mutter, Buddha in den Mutterschoß in Gestalt eines sechszähnigen Elefanten eingehen, und ein Relief zeigt diesen Elefanten zu ihr sich niedersenken, während sie im Schlafe liegt. Der Augenblick der Empfängnis bringt die ganze Natur in Aufregung: Blinde werden sehend, Taube hörend. Engel beschirmen mit Schwertern während der Schwangerschaft Mutter und Kind. Nicht minder begleiten seltsame Zeichen die Geburt. Maya ergeht sich in dem Hain Lumbini nahe der Stadt; sie streckt ihre Hand aus, um einen Zweig zu ergreifen, als der Zweig sich durch die Macht des Bodhisattva niedersenkt und sie im Stehen das Kind gebiert. Engel fangen es in goldenem Netze auf; Wasserstrahlen strömen vom Himmel nieder, um beide, Mutter und Kind, zu erfrischen. Das Kind stellt sich plötzlich aufrecht auf den Boden und tut sieben Schritte, während die Götter ihm die Zeichen der königlichen Würde nachtragen. Nicht nur diese Erzählungen aus späterer Zeit, sondern schon die ältesten uns erhaltenen Quellen zeigen die Neigung, das Leben des Meisters mit Wundern zu umgeben.

Buddha tritt in das Opferhäuschen der Kassapa, in
dem ein furchtbarer, Feuer und Rauch speiender
Schlangendämon haust, den er mit gleichen Mitteln
überwindet und schließlich in seinem Almosentopf
fängt. Wie sein böswilliger Vetter und neidischer
Schüler einen wütenden Elefanten gegen ihn los-
läßt und dieser sich mit gesenktem Rüssel nähert,
durchdringt er ihn mit „dem Geist der Liebe" und
spricht ihn mit einem Verse an, worauf der Elefant
von dem Staub vor Buddhas Füßen nimmt und sich
damit bestreut. Buddhas Tod ist von Erdbeben und
Donnerrollen begleitet.

Es sind die Wunder nicht, die uns an Buddhas
Person interessieren; sie sollen daher im folgenden
nur ausnahmsweise berührt werden. Für die indische
Kunst sind sie um so wichtiger gewesen und haben
ihr vielfach Anlaß zu Darstellungen geboten.

Eine solche Ausnahme möge die Gestalt des großen
Weisen Asita bilden, der durch seine Wunderkraft
die Erscheinungen bei Buddhas Geburt, die Freude
von Himmel und Erde wahrnahm und durch die Luft
aus dem Himalaya nach Kapilavastu flog, um am
Palast Suddhodanas Einlaß zu begehren und das Kind
zu schauen. Als er es erblickte und an ihm die 32
„Zeichen des großen Mannes" gewahrte, fiel er davor
nieder und brach in Tränen aus. Er weissagte, daß
das Kind ein Buddha werden würde, und klagte, weil
er, alt und hoch an Jahren, diesen Tag nicht mehr er-
leben könne. Die Erzählung ist darum wichtig, weil
sie von mehreren Forschern mit dem greisen Simeon
in historische Verbindung gebracht wird, der im
Tempel erschien, um den Knaben Jesus zu sehen;

doch sind auch lebhafte Zweifel an diesem Zusammenhang laut geworden.

Tatsachen aus Buddhas Jugend wissen wir nicht. Es wird wahr sein, daß er nicht den gleichen Hang wie seine jungen Standesgenossen zu ritterlichen Übungen zeigte und den Tadel seiner Verwandten erfuhr; nicht so wahr, daß er durch sein an den Tag gelegtes Geschick bei Wettkämpfen deren Sympathie wiedergewann. Als sicher anzunehmen ist, daß er eine Gattin und einen Sohn, Rahula mit Namen, besaß, der später Mitglied des Ordens geworden ist.

Das erste große Ereignis in seinem Leben, das zum Lieblingsthema von Dichtung und Kunst und von tiefstem Einfluß auf die Entwicklung des Ostens geworden ist, war der Tag, der „das große Scheiden" sah, den Auszug aus Reichtum und Prunk in Armut und Wanderschaft, der Tag, der ihn zum Asketen machte und zum Weg der Erkenntnis führte. Die geistige Strömung, die so viele edle Männer und Jünglinge bewog, ihr Kleid mit dem Asketengewand zu vertauschen und aus der Heimat in die Heimatlosigkeit zu gehen, schlug auch an die Paläste von Kapilavastu. Die Götter wußten, daß die Stunde nahe sei, da Buddha der Erkenntnis entgegenschritt, und beschlossen, ihn durch Zeichen zu belehren[1]. Auf einer seiner Ausfahrten begegnet ihm ein alter Mann, gekrümmt, gebeugt, auf einen Stab gestützt, zitternden Ganges. „Was hat dieser getan", fragt der Prinz seinen Wagenlenker, „seine Haare sind nicht

---

[1] Die Geschichte wird zwar im Dīgha Nikāya nicht von Buddha, sondern von Vipassi, einem Vorbuddha, durch Buddha selbst erzählt. Es ist aber klar, daß sie konstruiert ist und für Buddha selber gilt, in bezug auf den sie in späteren Texten auch berichtet wird.

wie die anderer Leute, auch sein Körper nicht?" — „Er ist ein Greis, sagt man." — „Warum nennt man ihn einen Greis?" — „Er heißt ein Greis, weil sein Leben nicht mehr lange währt." — „Aber, lieber Wagenlenker, bin dann auch ich dem Greisenalter unterworfen als einer, der daran nicht vorübergeht?" — „Ja, Herr, du und wir alle sind dem Greisentum unterworfen, als solche, die daran nicht vorübergehen." — „Dann, lieber Wagenlenker, habe ich für heute genug an dem Park. Fahre mich in meine Gemächer." — „Ja Herr", sagte der Wagenlenker, und fuhr ihn zurück. Und er ging in seine Gemächer, saß bekümmert und niedergeschlagen und dachte bei sich: „Pfui über die Geburt, wenn über den Geborenen solches Alter kommt!" Der König dachte: „Wenn der Prinz nur nicht dem Herrschen abhold wird und aus der Heimat in die Heimatlosigkeit geht! Wir dürfen die Worte der brahmanischen Wahrsager an ihm nicht zur Wahrheit werden lassen", und umgab ihn mit äußeren Genüssen aller Art.

Abermals nach vielen, vielen, ja nach Hunderten und Tausenden von Jahren, sagt ein Bericht, fuhr der Prinz wieder aus; er sah einen Schwerkranken. Es wiederholt sich dasselbe Zwiegespräch mit dem Wagenlenker, die Rückkehr in den Palast, die Betrachtung des Prinzen; bei der dritten Ausfahrt, wo er einem Toten begegnet, wiederum. Da, bei der vierten, gewahrt er nicht einen Alten, Kranken oder Toten, sondern einen Mann geschorenen Hauptes, einen Pilger in gelbem Gewande. Da fragt er den Wagenlenker: „Wie kommt es, daß dieses Mannes Haupt so verschieden ist von dem anderer und seine

Kleider so verschieden von denen anderer?" — „Das ist ein Pilger, Herr." — „Und was ist ein Pilger, lieber Wagenlenker?" — „Pilger, Herr, nennt man einen, der der Welt entsagt hat." — „Was ist das für einer, der der Welt entsagt hat?" — „Einer, von dem es heißt: ‚Trefflich sein in der Wahrheit, trefflich im friedlichen Wandel, trefflich im rechten Tun, trefflich in verdienstvollem Handeln, trefflich im Nichtverletzen, trefflich in Güte gegen alle Wesen.'" — „So fahre denn hin, wo der Pilger ist!" Er fuhr hin; der Prinz sprach zu dem Pilger. „Kehre zurück", sagte er sodann zu dem Wagenlenker, „ich werde mir Haar und Bart scheren lassen, das gelbe Gewand anlegen und aus der Heimat in die Heimatlosigkeit ziehen."

Die Erzählung stellt in sinniger Weise Alter, Krankheit, Tod als die Leiden des menschlichen Daseins und im Gegensatz dazu den Seelenfrieden des einsam seine Straße ziehenden Mönches dar. Sie gibt in poetischer Weise wieder, was ein anderer Text mit nüchternen Worten so ausspricht: „Es gibt vier Dinge, für die niemand, sei es ein Asket oder ein Brahmane, ein Gott oder der Versucher oder Gott Brahma (der Höchste der Götter) oder sonst jemand auf der Welt, bürgen kann. Welches sind die vier Dinge? — Was dem Alter unterworfen ist, möge nicht altern. Dafür kann niemand bürgen, sei es ein Asket oder ein Brahmane, ein Gott oder der Versucher oder Gott Brahma oder sonst irgend jemand auf der Welt. — Was der Krankheit unterworfen ist, das möge nicht erkranken, dafür kann niemand bürgen, sei es ein Asket usw. — Was dem Tode unterworfen ist, möge nicht sterben. Dafür kann niemand bürgen ... — Der Lohn der bösen Taten, der unreinen, zur Wiedergeburt führenden, die Wiedergeburt, Alter und Sterben bedingen, mögen nicht eintreten; dafür kann niemand bürgen ... — Für diese vier Dinge kann niemand bürgen."

An anderer Stelle wird erzählt, wie Gotama nach diesen Begegnungen keine Freude mehr an seinem Palast findet, nicht mehr an dem Saitenspiel und Gesang der Dienerinnen, sondern flieht, nur vom Vater, der ihn vergeblich zurückzuhalten suchte, Abschied nehmend. Allein, von seinem treuen Diener begleitet, reitet er über die Grenzen des Nachbarreiches hinaus, von wo er ihn mit Pferd und Schmuck nach Kapilavastu heimkehren heißt. 29 Jahre alt, beginnt Gotama seine religiöse Mission.

Er wandert von Ort zu Ort umher. In Vesali trifft er zwei berühmte Yogalehrer, Alāra Kālāma und Uddaka Ramaputta, die, umringt von einer großen Schülerzahl, die Lehre der Versenkung übten. Bei dem einen aber wie bei dem anderen kommt er zu der Erkenntnis, daß sie nicht den rechten Glauben, nicht die rechte Versenkung haben, weil sie nur niedere Stufen lehren. Es sei nicht die rechte Lehre, die zur Leidenschaftslosigkeit, zur Unterdrückung der Sinne, zur Erleuchtung, zu Nirvana führe. So sagt er sich enttäuscht von seinen Lehrern los, um nach Uruvela im Magadhalande zu ziehen.

Dort fand er ein freundliches Fleckchen Erde, einen lieblichen Hain, fließendes Gewässer, klar, reich an Badestellen, freundlich, und ringsum Dörfer zum Almosengang. Dort ließ er sich nieder. Der

Ort war geeignet für sein Bestreben. Der Hain um Uruvela sah Gotama in schwerster Kasteiung, bis sein Körper erschöpft zusammensank. Er biß die Zähne aneinander, stemmte die Zunge gegen den Gaumen, hielt mit dem Geist das Denken nieder, drückte es nieder, quälte es nieder. Er übte die schwerste Kasteiung durch Unterdrücken des Atems; er fühlte, als wenn ein starker Mann mit einer scharfen Spitze ihm sein Haupt bearbeite, mit einem festen Riemen sein Haupt umwickle, als wenn zwei starke Männer einen schwachen ergriffen und in einer Kohlengrube quälten. Er versagte sich die Nahrung, aber er erkannte, daß er, was er erstrebte, so nicht erreichte: die über Menschenmaß hinausgehende höchste Erkenntnis. „Der Weg zur Erleuchtung mag ein anderer sein." Er erinnerte sich, wie er bei Landarbeitern seines Vaters im Schatten eines Rosenapfelbaumes gesessen und unter Aufgabe aller Lüste, alles üblen Wesens überlegend und erwägend in die beglückende, aus der Absonderung entstehende erste Versenkungsstufe eingetreten sei. „Das mag wohl der Weg zur Erleuchtung sein." Er erkannte das, nahm wieder Nahrung zu sich und gab die Askese auf.

Fünf Mönche, die in seiner Nähe waren und aus seinem Munde die Lehre der Erlösung zu vernehmen hofften, sahen es, und entsetzt gingen sie von dannen. „Der Asket Gotama lebt üppig, hat von seinem Streben abgelassen und sich der Üppigkeit zugewandt!"

Gotama aber nahm Nahrung zu sich, gewann neue Stärke, und unter Aufgabe aller Lüste, alles üblen

Wesens ging er unter Erwägen und Nachdenken in die erste, aus der Absonderung entstandene, freude- und befriedigungsvolle Meditationsstufe ein. Aber die so erweckten Empfindungen des Glücks vermochten seinen Geist nicht zu fesseln. Nach dem Aufgeben von Erwägen und Nachdenken ging er in die zweite glückvolle, aus der Versenkung entstandene Meditationsstufe ein, in den inneren Frieden, die Konzentration des Geistes, frei von Erwägen und Nachdenken. Aus der zweiten erhob er sich zur dritten. Nach dem Aufhören der Befriedigung, gleichgültig, bedacht und bewußt empfand er Freude mittels des Körpers, denn die Weisen sagen: „Gleichgültig, bewußt lebt er in Freude." Von der dritten zur vierten: „Infolge des Aufhörens des Leides und der Freude, infolge vorheriger Vernichtung von Wohlgefühl und Schmerzgefühl erreichte er die vierte Stufe, frei von Leid, frei von Freude, in Gleichgültigkeit, Bedachtsamkeit, Reinheit." Aber auch die vierte vermochte seinen Geist nicht zu fesseln. Ruhigen, geläuterten, gereinigten Geistes richtete er seinen Sinn in der ersten Nachtwache auf die Erinnerung an die früheren Daseinsformen, unbefriedigt von da in der zweiten auf das Kommen und Gehen der Wesen. Mit seinem (durch die Meditation) erworbenen überirdischen Blick sah er die Wesen kommen und gehen und ihren Platz je nach ihren Taten einnehmen, die einen, die nach der Vernichtung ihres Körpers einen schlechten Weg, die anderen, die einen guten Weg gehen, jene in die Hölle, diese in den Himmel. Auch das ließ seinen Geist unbefriedigt. Ruhigen, gereinigten, geläuterten Geistes wandte er sich der Kenntnis der Vernichtung der Wirrungen (Sinnlichkeit, Existenz, Spekulation, Unwissenheit) zu; da erkannte er in Wirklichkeit das Leiden, in Wirklichkeit die Entstehung des Leidens, in Wirklichkeit die Aufhebung des Leidens, in Wirklichkeit den Weg zur Aufhebung des Leidens. „Ich erkannte in Wirklichkeit: ‚Das sind die Wirrungen, das ist die Entstehung der Wirrungen, das ist die Unterdrückung der Wirrungen, das ist der Weg zur Unterdrückung der Wirrungen.'" Als er so erkannt, so erschaut, da wurde sein Geist von der Wirrung der Sinnlichkeit, von der Wirrung des Werdens, von der Wirrung der Irrlehre, von der Wirrung der Unwissenheit befreit. In dem Befreiten entstand die Erkenntnis „erlöst". Ich erkannte: „Vernichtet ist die Geburt, vollendet der heilige Wandel, die Pflicht ist erfüllt. Nicht gibt es mehr eine Wiederkehr zu dieser Welt. Das ist die Wissenschaft, die ich in der dritten Nachtwache gewonnen habe. Die Unwissenheit wurde vernichtet, Wissen geboren; das Dunkel war vernichtet, das Licht geboren, als ich aufmerksam, eifrig, beharrlich weilte[1]."

Während sieben Tagen saß Buddha im Genuß des ihm gewordenen Glückes ununterbrochen am Fuß des Bodhibaumes und dachte in der ersten Nachtwache über die Ursachen der Entstehung (der Wesen) und ihre Vernichtung nach. Dieses Denken gewann seinen Ausdruck in der viel genannten „Kausalitätsreihe", die eines der wichtigsten und zugleich schwierigsten Kapitel der buddhistischen Lehre bildet. Man

---

[1] Noch höhere Stufen werden geschildert: „Unendlichkeit des Raumes, des Bewußtseins, Reich des Nichts, wo es weder Vorstellen noch Nichtvorstellen gibt, das Reich, wo das Aufhören des Vorstellens und Empfindens eintritt."

kann nicht sagen, daß sie trotz vieler Bemühungen, sie zu deuten, in allen Teilen verständlich geworden ist, und möchte das Urteil des holländischen Indologen Spejer über diese „sonderbare Kette" unterschreiben: Abgesehen von einzelnen Gliedern „ist die Formel für die Logik eines gewöhnlichen Menschenverstandes unverständlich. Sie wird auch wohl absichtlich in dunklen Ausdrücken gehalten sein. Europäische Gelehrte haben schon viel geschrieben, um darüber zu irgend welcher Klarheit zu kommen, aber mit wenig Erfolg. Tiefe Weisheit wird man darin gewiß nicht zu suchen haben." Wir wollen versuchen, das Notwendige darüber nachher zu sagen, wenn die Predigt von Benares zur Sprache gekommen ist.

Die Erleuchtung unter dem Feigenbaum wird der entscheidende Wendepunkt in Buddhas Leben. Seit jener Nacht spielt der „Bobaum" als heiliges Symbol dieselbe Rolle im Buddhismus, wie das Kreuz in der christlichen Kirche. Auf zahlreichen Reliefs kehrt sein Abbild wieder, und fromme Pilger aus Ost und Süden ziehen noch heute nach der geweihten Stätte, wo ein neuer Baum die alte Erinnerung lebendig hält.

Die indische Überlieferung hat diese Heilige Nacht mit Wundern reich geschmückt. Die Erde erbebt, die Blumen öffnen ihre Kelche, die Bäume tragen Frucht, die Flüsse hemmen ihren Lauf. Schon ein älterer Text erzählt, wie der Baum in Indras Paradies in voller Blüte stand, eine Götterklasse der anderen das freudige Ereignis kundtat. Durch die ganze Buddhistenwelt wird es als eine der vier großen

Begebenheiten in Buddhas Leben festgehalten: sein Abschied von der Heimat, die Erleuchtung, die Predigt von Benares und sein Tod.

Der einfache Gedanke, daß nach schwerer, scheinbar fruchtloser Arbeit das erlösende Wort gleichsam unvermittelt und plötzlich sich einstellt, ist hier ins Große gesteigert. Die Geschichte der Mystik öffnet ihre Pforten und zeigt dem nach einer Erklärung Suchenden eine Reihe von Heiligen, versenkt und verzückt in überirdischem Schauen. Fr. Heiler, der der buddhistischen Versenkung eine tief eindringende religionsgeschichtliche Untersuchung gewidmet hat, lehrt den engen Zusammenhang der buddhistischen Heiligung mit den Mystikern aller Zeiten und vor allem des Christentums verstehen. „Wie den im Gebet versunkenen christlichen Heiligen Christus und die Gottesmutter, die Engel und die Seligen des Himmels erschienen und mit ihnen redeten, so tun sich auch den in der Versenkung fortgeschrittenen buddhistischen Bettelmönchen himmlische Wesenheiten, Götter (deva) kund und halten mit ihnen Zwiesprache. Wenn man das Christentum als die Religion des Gebetes bezeichnet, könne man den Buddhismus als ‚Religion der Versenkung' charakterisieren."

Nach den sieben Tagen wandte Buddha von seiner Stätte der Meditation unter dem Feigenbaum sich hin zum Baum der Ziegenhirten und zum Mutschalindabaum. Ein Brahmane traf ihn und fragte hochmütig, woran man einen Brahmanen erkenne. Buddha erwiderte: „Der kann sich einen Brahmanen nennen, der alle Sündhaftigkeit von sich wirft, frei von Hochmut und Unreinheit ist und sich selbst bezwingt." Die Überlieferung erzählt, wie zur Unzeit sich ein Wetter erhob, Regen, Sturm, Finsternis ihn bedrohte. Der Schlangenkönig breitete über ihn seine Häupter aus, ihn zu schützen. Mara, der Versucher kommt ihn zu verführen, ohne Erfolg.

Wir hören von den ersten Bekehrungen. Zwei Kaufleute bekennen sich als seine Jünger und sagen zum ersten Male die Formel: „Wir nehmen unsere Zuflucht bei dem Herrn und seiner Lehre", die, später um das dritte Glied, „Wir nehmen unsere Zuflucht bei der Gemeinde", erweitert, zur allgemeinen Aufnahmeformel für Jünger Buddhas geworden ist. Gott Brahma naht selbst, den im Zweifel befindlichen Buddha zur Verkündigung seiner Lehre zu bewegen. Buddha denkt an seine ersten Lehrer Alara und Uddaka, die ihn in Yoga unterrichteten; sie seien klug, weise und fast frei von Leidenschaft, sie würden ihn verstehen. Aber eine Gottheit sagt ihm, daß sie tot sind.

Die Zeit vor und um Buddha

Man pflegt Religionsstifter oft als gottbegnadete Sendboten anzusehen, die plötzlich aus einem Chaos geistigen Tiefstandes oder allgemeinen Elends auftauchen, um Mit- und Nachwelt einem neuen goldenen Zeitalter entgegenzuführen. Aber jeder dieser von der Überlieferung meist mit einem bunten

Legendenkranz umwobenen Männer, mag er Konfuzius, Mohammed oder anders heißen, war ein Kind seiner Zeit, deren Bewegungen und Sehnsüchte sich in seinem Lehrgebäude widerspiegeln. So können wir auch Buddha und seine Heilsbotschaft nur begreifen und richtig einschätzen, wenn wir zuvor einen Blick auf die geistigen Strömungen werfen, die vor ihm Indien durchfluteten und neben vielen anderen Systemen auch den Buddhismus entstehen ließen.

Der Brahmanismus, der Indien seine geistigen Führer gab und mit seiner großen inneren Kraft den Grund legte für die gesamte Entwicklung seiner Kultur, hatte ein umfassendes Gebäude sakraler Technik errichtet, das mit seinen großen und kleinen Opfern und Opferfesten das ganze indische Leben überspann und jeden einzelnen von der Geburt bis zum Tode mit seinen Vorschriften und Zeremonien begleitete.

Weder priesterliche Macht noch Berechnung hätten allein eine so wichtige und entscheidende Rolle gespielt, wenn der Einfluß des Brahmanentums, das dem Lauf der Zeiten widerstanden und sich nach wie vor Buddha siegreich behauptet hat, nicht in volkstümlichem Grunde wurzelte. Es knüpfte an das Leben des Volkes an, nahm seine Bräuche, Sitten und Feste auf, gestaltete sie zu einem systematischen Gewebe, hinter dessen Schleier man noch vielfach alte volkstümliche Gewohnheiten erblickt. Ihre zahlreichen uns zugänglichen Opferbücher sind ein kostbarer Besitz für die Forschung geworden, voll Jahrtausende alten ethnographischen Materials, wie es die Wissenschaft bei anderen Völkern mühsam aus einzelnen Notizen oder Mitteilungen von Forschungsreisenden zusammensuchen muß. Die Inder haben diese Opfertechnik, die ihnen ihre alten Sitten erhielt, nicht so erdrückend empfunden, wie wir glauben möchten — weil sie eben ihr Volksleben widerspiegelte und neben oder zwischen dem festgefügten Mauerwerk sich hinreichend Raum für freiere Gedanken bot, die daraus erwuchsen und zur Höhe strebten. Die Brahmanen befriedigten in ihren niederen Kreisen mit abergläubischen Gebräuchen die niedere Masse und philosophierten in ihren höheren Schichten mit den Königen.

Die Vertreter des Brahmanismus taten nichts von dem fort, was ihnen durch die Zeit geheiligt und als Erbe der Väter überliefert worden war; sie rissen nicht ein, sondern bauten an oder bauten um. Sie knüpften an Opfervorgänge an und suchten sie geistig zu erfassen. Die älteste Philosophie Indiens ist eine Opferphilosophie gewesen, die von den Handlungen und Vorstellungen des Opferplatzes ausging, in ihrer gewaltsamen Ausdeutung ihren Scharfsinn übte und ihre Schwingen freier zu entfalten begann. Auch die großen Systeme später Zeit verleugnen den Ursprung nicht, denn sie beziehen sich oft auf die Upanischaden und legen sich ältere Worte für ihre Auffassung zurecht.

Wir hören den Flügelschlag eines über die Welt und ihre Enge hinausstrebenden Geistes in einer kleinen Anzahl von Hymnen in der ältesten Liedersammlung, die wir von irgendeinem arischen Volke haben und, ganz allgemein genommen, in das Jahr

1200 v. Chr. verlegen können. Wir lesen hier von den nie gelösten und immer wieder gestellten Fragen nach dem Ursprung der Welt und ihrem Schöpfer, finden die Schilderung der Weltschöpfung als ein Opfer und begegnen einer primitiven Kosmogonie. Wir haben auch ein kleines Lied, das die Kasteiung als Schöpfungsgrund darstellt, aus dem Recht und Wahrheit, Nacht und Meer nacheinander entstanden sind — unbeholfene und wirre Versuche eines nach Erklärung tastenden Geistes, aber doch Ansätze zu höheren Formen der Anschauung, als sie der Zeremoniendienst bot. Das Wort „Kasteiung" oder Tapas ist von hoher Bedeutung für das indische Geistesleben, denn es deutet nicht nur die äußeren Kasteiungen des Leibes an, die Erhitzung und Abtötung des Körpers durch Übungen aller Art unter Schweigen und Sitzen in Einsamkeit, sondern auch die dadurch hervorgebrachte und gesteigerte Kraft zu ekstatischem Leben und visionärem Schauen. Die Konzentrierung und Anspannung des Geistes, wie sie die spätere Zeit kennt und mit dem Namen Yoga (d. i. Anspannen) bezeichnet, hat ihre Anfänge in der alten Liedersammlung, dem Rigveda. Es ist das Verdienst Hauers („Anfänge der Yogapraxis", 1922), die Brücke gezeigt zu haben, die das spätere Zeitalter mit dem Rigveda verbindet. Dieser enthält die Elemente schon, die mitgeholfen haben, den religiösen Yogin der klassischen Zeit zu schaffen. Auch die Opferhandlungen mit den Geboten des Atemverhaltens und Schweigens und ihrer Atmosphäre des Geheimnisvollen, die den Zauber schafft und wirksam macht, gehören hierher.

Wenn man Tapas und Yoga mit Buße übersetzt, so klingt eine fremde und falsche Auffassung hinein. Buße in unserem Sinne kannte der Inder nicht. Die indischen „Büßer" wollten keine Schuld abtragen oder irgendwelche Sünden ungeschehen machen, sondern den Körper abtöten und geistige Kräfte entwickeln, deren Entfaltung der Körper mit seinem nichtigen Wollen hemmt. Sie wollten ihren Geist lösen von seiner Befangenheit, um sich in ferne, unirdische Höhen zu erheben, wo ihnen Vereinigung mit der Gottheit und seliges Schauen winkt.

In einem der späteren Veden, dem sogenannten Atharvaveda, fließt der Strom philosophischen Denkens schon in breiteren Massen dahin. Wir finden Betrachtungen über den bald als Sonne, bald als Mond gedachten Rohita, über das höchste Wesen, über den Odem oder Lebenshauch als selbständigen Gott, auf dessen Wirken später die Upanischaden einen Teil ihrer Spekulationen aufbauen, über die Zeit, über Kama („Wille" oder „Trieb" als weltenbildendes Prinzip), schließlich, ganz im Anschluß an die Phantasie vom Opfer, über dessen „Überreste", die, zur Göttlichkeit erhoben, schöpferische Wirksamkeit üben.

Es ist nicht zu verkennen, daß bei aller Kindlichkeit der Vorstellungsweise, die ungeschultes Denken verrät, hier eine höhere Phase geistigen Lebens erreicht ist und Gedanken der Upanischaden auftauchen, in die diese Periode mündet. Scherman, der diese Lieder, die wohl nur Überreste einer neben der Opferliteratur her oder unter ihr hingehenden Strömung waren, nicht als einen Übergang zu der

Upanischadenzeit ansieht, sondern ihre Abfassung mit den älteren Upanischaden zusammenfallen läßt, hat damit gewiß recht („Philosophische Hymnen", Straßburg 1887). Sie enthalten kein festes System, keine mit sicherer Hand gezogenen Linien einer begründeten Weltanschauung, sondern hin- und hertastende Versuche, die Welt in ihrem Entstehen und Bestehen zu erfassen, verdienen aber keine abfällige Beurteilung, weil ihrem Bestreben, das Unerreichbare zu erreichen und in das menschliche Denken einzubeziehen, der Erfolg versagt war und versagt bleiben mußte. Vielmehr werden wir mit stiller Ehrfurcht jener schlichten, aller Hilfsmittel baren Männer gedenken müssen, die im Dunkel einer fernen Vorzeit aus dem Endlichen die Brücken schlagen wollen nach dem Ewigen und Unerforschlichen. Die Götterwelt fing an, zu versinken oder doch zurückzutreten vor dem Einen, nach dem man mit stiller Seele suchte.

Aber in jenen Liedern tritt noch nicht die Idee der Seelenwanderung, noch nicht das Karman hervor, die die dogmatische Unterlage der späteren Philosophie und des Buddhismus sind, des Karman, des Tuns von guten oder bösen Werken, das von Existenz zu Existenz führt. Von Edgerton ist der Gedanke ausgesprochen worden, daß die Verfasser dieser Lieder nicht frei von materiellen Wünschen waren, weil in Indien Wissen auch in nützlicher Hinsicht Macht bedeutet und selbst in den Upanischaden in Anknüpfung an philosophische oder halbphilosophische Auseinandersetzungen irdische Güter, Nachkommenschaft, Unbezwinglichkeit dem versprochen

werden, „der so weiß". Es ist wohl möglich, daß der
Gedanke an irdische Wohlfahrt für die Inder keineswegs störend sich einmischte und die Lieder zu magi-
schen Zwecken verfaßt wurden, aber so wenig wie
die Upanischaden verlieren sie damit ihr halb-
philosophisches Gewand.

Von den indischen Liedern führt der historische
Weg zu den Brahmana, jenen umfänglichen Samm-
lungen von Deutungen und Deuteleien ritueller
Handlungen, durch die priesterliche Verfasser dem
Zeremoniell eine Begründung zu geben suchten;
sachlich meist sehr minderwertig, forderten sie doch
den Geist heraus, der auf diese Weise zum Nachdenken geschärft und zum Erfassen höherer Probleme angeregt wurde. Es ist nicht ausgeschlossen,
daß dieselben Männer, die über das Opferwesen so
gründlich nachdachten, zugleich Verfasser solcher
Lieder, wie sie oben beschrieben wurden, gewesen
sind. Oldenberg („Die Weltanschauung der Brah-
manentexte", Göttingen 1919) spricht von ihnen mit
Recht als chaotischen und doch eine Anlage zur
Überwindung des Chaos in sich tragenden Gedanken
und Einfällen, wenig differenziert nach den noch ganz
unentwickelten Individualitäten einzelner Denker, aber
darum keineswegs in sich vollkommen gleichartig,
sondern hier noch durchaus primitiv, dort Anfänge
einer gewissen Verfeinerung nachweisend, halb religiös
gebunden, halb von dieser Bindung sich befreiend.

Die Upanischaden, die Fortsetzung jener geistigen
Strömungen und Bewegungen, gehören zu den be-
rühmtesten Teilen der altindischen Literatur, deren
Wert Schopenhauers Genius durch das zwiefache

Medium einer lateinischen, auf persischer Grundlage veranstalteten Übersetzung hindurch trotz ihres geschwächten Glanzes erkannte. Er war es, der außer Schelling auf diese alten Urkunden menschlichen Denkens die Aufmerksamkeit der deutschen Welt lenkte und in begreiflicher Überschätzung sie die erhabenste Lektüre nannte, die der Trost seines Lebens gewesen und der Trost seines Sterbens sein würde. Das Wort Upanischad (upa-ni-sad, von dem Zeitwort sad, sitzen) bedeutet Niedersitzen. Wer in indischen Schulen die jungen Brahmanen im Kreise um ihren Lehrer, so wie dieser auf dem Boden die Beine gekreuzt, niedersitzen und seinen Worten aufmerksam folgen sah, wird sich vergegenwärtigen können, wie in ferner Zeit in Einsiedeleien und Büßerhainen wahrheitsuchende Jünger um den Lehrer herum oder ihm zur Seite niedersaßen, um, von den Formeln und Praktiken des Opfers übersättigt und unbefriedigt, den Worten höherer Weisheit, als die Opfertechnik geben konnte, zu lauschen und freie Höhen zu ersteigen. Es waren berühmte Männer, die als Lehrer auftraten. Man zog von einem zum andern; wir sehen Fürsten große Sitzungen veranstalten und berühmte Brahmanen sich einfinden, um in eifrigem Gedankenaustausch die Fragen zu erörtern, die die damalige Welt bewegten. So wie hier Wahrheitsdurstige die alten Meister des Wissens aufsuchten, kamen sie auch zu Buddha, ihn zu befragen, mit ihm sich zu unterreden, und setzten sich ihm zur Seite nieder. „Als er zu ihm gelangt war," so beginnt in der Regel solche Unterredung, „begrüßte er sich mit dem Erhabenen. Als er begrüßende,

freundliche Rede mit ihm gewechselt, setzt er sich ihm zur Seite nieder. Zu seiner Seite sitzend sprach er."
Man hat häufig diese Upanischaden[1] als „Geheimlehre" bezeichnet. Das haben die Inder getan, und deutsche Gelehrte sind dem gefolgt. Aber das indische Wort für Geheimnis bedeutet nicht genau das, was wir unter Geheimlehre verstehen. Sie waren in ihrer Mehrzahl kein Geheimnis, sondern an den Höfen der Könige oder in Zusammenkünften fand ihre Erörterung und Kritik statt; sie waren nur nicht Wahrheit für die Menge, die fortfuhr, ihre Götter anzubeten und mit Opfern zu verehren, wie auch heute der gewöhnliche Hindu tut, sondern forderten eingehendes Studium ihres Inhalts und nur beim Lehrer zu gewinnende Fortbildung als Grundlage ihres Verständnisses. Im allgemeinen blieben sie also für die Menge so unzugänglich, wie es etwa heute Kant oder Hegel trotz aller Popularisierungsversuche für die breite Masse sind, die aus Mangel an Zeit sie nicht studieren oder aus Mangel an Vorbildung nicht begreifen kann. Ich möchte die Upanischaden mit Rücksicht darauf, daß sie nur wenigen erreichbar sind, als „esoterische" Lehre bezeichnen, nicht als Geheimlehre, sowenig etwa ein wissenschaftliches Kolleg eine Geheimlehre ist.

Die Upanischaden sind keine einheitliche Literatur, deren einzelne Teile etwa ein systematischer Gedankengang verknüpfte, sondern eine Sammlung von Schriften verschiedener Zeiten und verschiedener

---

[1] Man muß das indische Wort so wiedergeben oder für sch das in den wissenschaftlichen Kreisen gebräuchliche Zeichen ś anwenden. Die Umschreibung mit sh ist englisch und hat im Deutschen keinen Sinn.

Richtungen. Sie sind die vielstimmigen Zeugnisse des Ringens um eine höhere Wahrheit und die Vorläufer der großen Lehrer des Gangestales, der Gründer neuer Sekten und Religionen, als deren vornehmste Vertreter wir Buddha und Dschina, seinen Zeitgenossen und Rivalen, kennen. Die Verfasser der Upanischaden streben zu den Höhen, auf denen diese wandelten; sie sind aber nur Anfänger, nicht Vollender des Glaubens. Mit dem einen Fuße stehen sie noch im Ritual, während sie mit dem anderen den ersten Schritt bergan tun. Ich glaube, daß Schopenhauer und viele nach ihm den sachlichen Wert dieser Schriften stark überschätzt haben, wenn sie ihnen den Platz in der Nähe von Kant und Schopenhauer anweisen. Wenn es zur Erklärung des Traumes heißt, daß die Seele im Traum auf und nieder steige, viele Gestalten annehme, sich bald mit Frauen vergnüge, bald esse und so fort, so darf man auf die Grönländer und andere Völker verweisen, die des Glaubens sind, daß die Seele nachts den Leib verlasse und auf die Jagd, zu Tanz und Vergnügen fahre. Oder wenn man einen Schlafenden nicht wecken solle, weil der schwer zu heilen sei, dem der Geist nicht zurückkehre, so stimmt das zu dem Verbot bei primitiveren Völkern, einen Schlafenden zu wecken, zu dem der Geist noch nicht zurückgekehrt sei. Kann man sich eine primitivere Vorstellung denken als die, mit der die älteste Upanischad beginnt: „Der Kopf des opferreinen Wassers ist die Morgenröte, sein Auge die Sonne, sein Hauch der Wind?"

Aber derselbe Text zeigt uns auch heilsuchende Männer zu den Füßen der Weisen, um tiefere Lehren von ihnen zu empfangen. Da kommt einer zu dem größten Lehrer des damaligen Indien, zu Yadschnavalkya, und fragt ihn nach dem Selbst, das allem innewohnt. „Es ist dein Selbst", antwortet der Weise und erklärt es als Einhauch, Aushauch, Zwischenhauch und so fort. Aber der Frager ist damit nicht zufrieden, sondern dringt weiter in den Lehrer. „Nicht kannst du den Seher des Sehens sehen", erwidert dieser, „nicht den Hörer des Hörens hören, nicht den Denker des Denkens denken, nicht den Erkenner des Erkennens erkennen. Das ist dein Selbst, das allem innewohnt. Alles andere ist leidvoll." Derselbe Meister erwidert einem anderen Jünger auf die Frage, was für ein Selbst das sei, das allem innewohnt: „Das, was jenseits von Hunger und Durst, von Kummer, Irrtum, Alter und Tod steht, darin sehen die Brahmanen das Selbst, lassen ab von dem Wunsch nach Kindern, von dem Wunsch nach Besitz, von dem Wunsch nach der Welt und ziehen als Bettler hinaus in die Welt. Denn der Wunsch nach Söhnen ist ein Wunsch nach Besitz, der Wunsch nach Besitz ist ein Wunsch nach der Welt. Wunsch ist beides. Darum soll ein Gelehrter, der Gelehrsamkeit überdrüssig geworden, in Einfalt verharren. Der Einfalt wie der Gelehrsamkeit überdrüssig geworden, wird er ein schweigender Asket. Des Nichtschweigens wie des Schweigens überdrüssig geworden, wird er ein echter Brahmane. Auf welche Weise ist er ein Brahmane? So wie er ist, dadurch ist er ein solcher. Alles andere ist leidvoll." Werden hier nicht schon einzelne Züge erkennbar, die dem Buddhismus eigen sind? Unser Text spricht schon davon, daß alles leidvoll ist, das ausgenommen, das allem innewohnt, daß dies eine, um dessentwillen man als Bettler in die Welt zieht, jenseits von Hunger und Durst ist, von Kummer, Irrtum, Alter und Tod. Hat nicht Buddha, wenn er von der Herrlichkeit des Nirvana spricht, dies von dem „Brahman" oder dem Selbst übernommen, das alles Übel abgeworfen hat und frei ist von Alter und Tod, hat er vielleicht von der wahren Brahmaschaft, die nach einem anderen Ausspruch nicht durch des Menschen Alter morsch, noch durch seine Tötung vernichtet wird, diese Schilderung auf das Nirvana übertragen? Oder wenn es in einem Verse heißt: „Vor dem Wort und Verstand, ohne es erreicht zu haben, versagen, das ist der Wonnezustand des Brahmanen. Wer es kennt, hegt nie mehr Furcht", so meinen wir, hier einen Buddha die Seligkeit des Nirvana preisen zu hören, die Verstand und Gelehrsamkeit nicht erreichen können. In unserer Upanischadstelle handelt es sich zwar um das Schauen und Erkennen des Brahman, des Selbst, bei Buddha um das Nirvana. Beide stimmen aber darin überein, daß der es Erreichende Freud und Leid hinter sich läßt. Doch ist im allgemeinen in den Upanischaden der Gedanke an das Leid noch nicht allherrschend. Zwar lebt darin nicht mehr die weltfrohe Stimmung der alten Lieder, aber der Wunsch nach Macht und Besitz ist doch noch in denen rege, die nach dem Selbst trachten und nicht nur das Brahman[1], sondern auch die Erfüllung recht irdischer Wünsche kraft ihres Wissens erstreben.

---

[1] Das Wort bráhman, auf der ersten Silbe betont, bedeutet ursprünglich Wachstums-Zauber, von einem Zeitwort „stärken",

Es ist nicht vorwiegend die Jugend, die hinauszieht, um der Welt zu entsagen; sondern, entsprechend der alten Einteilung in die vier Aschrama oder Lebensstufen: Jugend, Studium, Ehe, Weltentsagung, sind es die Älteren, die ihres Kindes Kind sehen und nun noch hinausgehen, den Frieden des Herzens zu suchen.

Der Weltanschauungsunterschied zwischen Upanischaden und den vedischen Liedern war groß genug, um uns die Wendung zu zeigen, die der indische Geist, anfangs unsicher und tastend, widerspruchsvoll und unbestimmt, in diesen uns in verhältnismäßig kleiner Zahl erhaltenen Traktaten genommen hat. Der Gedanke der Seelenwanderung, der sich später zu immer festerer Ausprägung entwickelte, erhebt sich als Scheidewand zweier Zeitalter und beherrscht als Dogma die ganze folgende Zeit; weniger ausgesprochen zeigt sich die Idee des Karman, der Tat, die, gleichviel ob gut oder böse, das einzelne Individuum zu einer der Qualität dieser Taten entsprechenden Wiedergeburt führt.

Auf die Zeit der älteren Upanischaden folgt nach strenger äußerer Reihenfolge die des Buddhismus. Aber zwischen beide Perioden schiebt sich nicht literaturgeschichtlich, aber sachlich der Inhalt der spät verfaßten und spät endgültig redigierten großen

---

„wachsen". Es hat sein Gegenstück in dem iranischen Wort Baresman, einem Bündel Zweige, das beim Opfer verwendet wird. Der Zauber äußert sich in Opfer, Lied, Magie. Aus dem Neutrum ist dann die kosmogonische Macht, die höchste schöpferische, alles durchdringende Potenz geworden. Von ihm ist Brahmane hergeleitet. Auf der letzten Silbe betont wird das Wort zum Maskulinum, bedeutet den Priester und schließlich Gott Brahma. Ich begründe an anderer Stelle diese Rückkehr zur alten Auffassung.

Systeme ein, die nur das Ergebnis jahrhundertelanger Denkarbeit sind. Jacobi hat ihre Niederschrift in die Jahre 200—450 n. Chr. verlegt. Zweifellos sind sie nachbuddhistisch, ihr Inhalt aber sicher nicht. Denn durch Garbe, Kern, Jacobi, Pischel ist nachgewiesen, daß zwei von ihnen dem Buddhismus die Unterlage für verschiedene Begriffe und Kunstausdrücke geliefert haben. Diese sind das Sankhya, neuerdings als „Erwähnung, Forschung" erklärt, und das Yogasystem (Yoga d. i. Anspannung). Das Sankhyasystem, das dem nach Erlösung vom Schmerz des Daseins ringenden Menschen die Erkenntnis der völligen Verschiedenheit der Seele von der Materie lehrt und damit die Ursache des Schmerzes aufheben will, gilt als die theoretische Grundlage des Yoga.

Wenn auch das Lehrbuch eine späte Zusammentragung ist, so hat es doch seine Grundgedanken aus weit zurückliegender Vergangenheit erhalten. (Näheres bei R. Garbe, „Sankhyaphilosophie", 1917, und bei Pischel, „Leben und Lehre des Buddha".) Man wird als kennzeichnend für Ausgang und Inhalt der Lehre die Sätze anführen dürfen, mit denen es beginnt: „Das uneingeschränkte Aufhören des Schmerzes ist das uneingeschränkte Ziel der Seele." „Der dreifache Schmerz," so erklärt der Kommentar, „das ist der, der von körperlichen und geistigen Ursachen, von anderen Wesen, von Übernatürlichem (Planeten, Dämonen und dergleichen) ausgeht; er läßt sich nicht durch äußere Mittel bewirken, weil man die Rückkehr des Schmerzes auch nach seinem Aufhören wahrnimmt." „Wenn auch verschiedene Arten von lebenden Wesen des Genusses von mancherlei

Wonnen teilhaftig werden, so erleiden sie doch alle", sagt ein älterer Kommentar, „ohne Unterschied den durch Alter und Tod bewirkten Schmerz. Allen, selbst dem Wurm, ist die Todesfurcht gemeinsam, die sich in dem Wunsche darstellt: ‚Möge ich nicht aufhören zu existieren, möge ich leben!' Und was Furcht hervorruft, ist Schmerz; deshalb ist der Tod Schmerz." Die Verbreitung dieser Empfindung wird durch ein Wort des großen indischen Epos, des Mahabharata, bezeugt, das sie teilweise mit denselben Worten wie die Predigt von Benares ausspricht: „Jedem ist das Leben lieb, jedem die Kinder. Vor dem Schmerz erschrickt jeder, Freude ist jedem erwünscht. Alter ist Schmerz, Verarmung ist Schmerz. Aus Gefangenschaft und Tod entsteht Schmerz. Von Frauen kommt der Schmerz. Schmerz um eines Sohnes willen begleitet immer den Menschen. Einige Toren sagen, daß kein Schmerz im Schmerz liege. So schwatzt unter den Leuten einer, der den Schmerz nicht kennt."

Während die rechtgläubige Vedantaphilosophie an die Spitze ihrer Lehre das Wort „Erforschung des Brahman" stellt, mit dem der einzelne seine Seele als identisch erkennen soll, will er dem Kreislauf entfliehen, verfolgt das Sankhyasystem einen Dualismus, der der unendlichen Materie eine unbegrenzte Anzahl von Seelen gesellt. Es ist möglich, daß Buddha auf diese Vertreter des Sankhya hinweist, wenn er von den Samana und Brahmana spricht, die die Theorie von der Ewigkeit vertreten und das Selbst und die Welt für ewig erklären. Die Verstrickung der Seele in die Materie ist die Ursache, die Erkenntnis ihrer Verschiedenheit, ihre vollständige Isolierung das Ende der Verstrickung. Es gibt keinen Gott, der der suchenden Seele seine Hand entgegenstreckt, sondern jedem einzelnen liegt es ob, diese Erkenntnis zu bewirken, die durch das Studium des Systems und Aneignung seiner Lehre und Beweise erreicht wird; es gibt keine Opfer und keinen Kastenunterschied.

Während der Anfang des Lehrbuches des Sankhya von dem „uneingeschränkten Aufhören des Schmerzes" spricht, verkündigt der Anfang des Yoga als sein Ziel die Unterdrückung der Funktionen des Denkorgans[1], d. h. der Unterdrückung seiner Wandlungen, der rechten und falschen Vorstellungen, der Illusion, des Schlafes und der Erinnerung.

In dieser Weise beginnt das Lehrbuch, das ein System der Konzentration des Geistes und seiner Ablenkung von allen Sinnesgegenständen und -eindrücken, die Beseitigung der Unruhe des Denkorgans bewirken will, um ihn zur Höhe des „Samādhi", der Meditation und durch sie zu höheren Bewußtseinszuständen und übersinnlichen Fähigkeiten zu erheben. Der Weg zur Erlösung steigt von der Bezwingung der niederen Regungen zur Besiegung der tätigen oder noch schlummernden Dispositionen empor, von dort zur Vernichtung der Avidya, des Irrtums, mittels der Meditation. Der Irrtum besteht in der Verwechslung des „Ewigen, Leidlosen, Reinen mit dem Nichtewigen, Unreinen, Leidvollen", seine Vernichtung in der Erkenntnis der Verschiedenheit

---

[1] Garbe schlägt „Denkformen" als deutsches Wort vor. Von andern anders übersetzt, so von Beckh, „Buddhismus" II, S. 16, durch „Bewußtseinsvorstellungen" (eigentlich Äußerungen des — im Sinne der Sankhyalehre stofflich-ätherisch vorgestellten — Gedankenelementes).

der Seele von der sie umstrickenden Materie. Solchen Übungen hat Buddha zu Anfang seiner Tätigkeit sich hingegeben, als er nach dem Verlassen der Heimat unter zwei Asketen in den Wäldern von Uruvela sich der Kasteiung befleißigte. Seine Vertrautheit mit dieser Geistesrichtung zeigen die vielen von H. Kern, Jacobi, Senart, O. Stein nachgewiesenen Übereinstimmungen der technischen Ausdrücke (Termini) des Yoga mit dem Buddhismus, die von alters her gebraucht und von beiden übernommen worden sein dürften.

Die Yogapraxis geht auf uralte Zeit zurück, in der der Glauben bestand, daß durch ekstatische Leibesübungen gewaltige Geisteskräfte entwickelt werden, die es gestatteten, aller Dinge und selbst der Götter Herr zu werden. J. W. Hauer hat gezeigt, daß diese Zauberer des Ostens, die uralten Ekstatiker kriegerischer Stämme, die wilden Sänger denselben Namen Arhat für ihre Lehrer haben wie die Buddhisten für ihre heiligen Männer und lange vor dem Buddhismus in safranfarbigem Gewande mit ihren Getreuen im Lande umherzogen, wie später die buddhistischen Brüder. Er hebt hervor, daß gerade im Lande Magadha Buddha die Erlösung gefunden habe. Noch bis zur Stunde, wo Sadhus oder Fakire von dem Volk abergläubische Verehrung genießen, zeigt sich Ansehen und Beliebtheit der körperlichen Askese; sind doch die frommen Männer, die in den Wäldern Indiens sich ihr hingaben, ein beliebter Schmuck in den Werken seiner Dichter.

Die körperlichen Übungen sind bloß ein Mittel, eine Vorstufe zur Erhebung über die sinnliche und zur Versenkung in die übersinnliche Welt, die nicht durch verstandesmäßiges Denken oder Wissen, sondern nur durch die Formen der Meditation erreicht werden kann. Als Buddha unter dem Feigenbaum die Erlösung erlangte, da wurde sie ihm nicht durch Wissen oder Denken, sondern durch visionäres Schauen. Er erhob sich von Versenkung zu Versenkung bis zu jener Stufe, wo er alle seine früheren zahllosen Geburten und die vielen Weltalter rückwärts überschaute, wo er erkannte, wie die Wesen nach ihrem Leben ihre Stätte fanden und die vier Wahrheiten zur Erlösung führen (S. 46).

In großer Zahl zogen die umher, die nach der „Befreiung" suchten und nach dem „Wege des Heils" fragten. Es war eine wundervolle Mondnacht eines Herbstmonats, als der König Adschataschatrŭ von Magadha auf dem Söller seines Palastes saß und seine Umgebung fragte: „Lieblich ist die Mondnacht. Welches ist der Samane oder Brahmane, dem ich Verehrung bezeugen soll, daß mein Herz sich erfreue?" Man nennt ihm sechs Männer, die Leiter von Orden, Häupter von Schulen, Lehrer von Schülern, berühmte Sektenstifter, im Volke hoch angesehen, erfahren, lange der Welt abgewandt und reif an Jahren sind, unter ihnen Makkhali Gosala. Dieser, der Führer einer großen Schar, Gegner von Buddha, leugnet den freien Willen, indem er erklärt, es gebe keine Willenskraft, keine menschliche Anstrengung, sondern alles hänge vom Schicksal, von den Verhältnissen, von der Natur ab. Berühmter als er ist der ebenfalls genannte Nigantha Nataputta, der auf die Dauer erfolgreicher als Buddha in seinem

Heimatslande noch heute in vielen Gemeinden Indiens seine durch Wohlstand und Bildung ausgezeichneten Anhänger hat und mit seinem religiösen Namen Dschina, der „Sieger", so wie Gotama „Buddha", der „Erweckte", heißt. Auch er war ein ernster, großer Lehrer, peinlicher und strenger in seinen Anforderungen hinsichtlich der Askese als Buddha, der mit seinen Jüngern den Dschaina (Anhängern des Dschina) zu weltlich erschien. Auch er forderte für den Höhenweg, gleich Buddha und anderen Lehrern, innere Zucht, die unter anderem in Beichte und Buße, schicklichem Betragen, Dienstfertigkeit und Studium bestand. Seine Kenntnisse und Versuche wissenschaftlicher Durchdringung und geistiger Betätigung scheinen ihm in dieser Hinsicht einen Vorrang vor Buddha zu sichern.

Jene sechs Weisen waren die hervorragendsten Führer ihrer Zeit. Daneben traten andere auf. Wer zählte die vielen Namen zweiten und dritten Ranges, die Lehrsysteme aufbauten und für sie warben! Da gab es solche, die über die Anfänge des Seins spekulierten und für ihre Meinungen achtzehn Gründe geltend machten, die aus vier Gründen das Selbst und die Welt für ewig erklärten. Andere, die in einer Hinsicht die Theorie von der Ewigkeit vertraten und in anderen die von der Nichtigkeit. Solche, die die Endlichkeit oder Unendlichkeit der Welt behaupteten, die das Selbst und die Welt als ohne Ursache entstanden erklärten, die an die Existenz nach dem Tode glaubten, und viele sonst noch. Dazu die redegewandten Sophisten und Dialektiker, die in ihrer unbestimmten Art den „Aalen glichen", weil sie bei jeder Frage ausweichende Antworten gaben oder klug und scharfsinnig „ein Haar zerspellten". F. O. Schrader erwähnt, daß es nach dem dschinistischen Kanon 363 philosophische Ansichten gebe, die in vier Gruppen einzuteilen seien. Sicherlich ein Anzeichen des Interesses für metaphysische Fragen und geistige Lebendigkeit, mag auch die Zahl selbst übertrieben und manche Ansicht nur der Schematik zuliebe ausgeklügelt worden sein. Dazu die vielen Wunderlinge, die seltsamen Asketen, die, nur von bestimmten Gerichten lebend (Bohnen, Sesam), Haar und Bart ausrauften, sich von Schmutz nicht reinigten, Sitz und Lager verwarfen, Kuhheilige, Hundeheilige, die wie Hunde ihre Speise von der Erde nahmen; in einer der Upanischaden haben wir einen Bettelspruch von Leuten dieser Art. Für alle oder für die Mehrzahl von ihnen waren zwei Lehren, die von der Seelenwanderung und dem damit zusammenhängenden Karman, der Tat, die dogmatische Voraussetzung all ihres Denkens und Lehrens.

Oben wurde schon bemerkt, daß der Glaube an die Seelenwanderung und das Karman verhältnismäßig spät in der alten Literatur, d. h. nach der Epoche der vedischen Liederdichtung, auftritt. Es ist unbekannt, woher dieses alle Systeme beherrschende Dogma stammt. Man hat versucht, es auf den Einfluß der Völker zurückzuführen, die die arischen Eindringlinge im Lande vorfanden; das ist nicht unmöglich, weil wir die Ur- oder Voreinwohner keineswegs als kulturlose oder religiöser Vorstellungen bare Leute anzusehen brauchen. Aber wir wissen so gut wie nichts von ihnen, um diese Versuche als irgendwie beweisbar anzusehen. Genug, die Anschauung ist da und beherrscht die Gegenwart wie die Vergangenheit.

Wir besitzen schon aus den Upanischaden primitive Deutungen dieses Kreislaufs, die den „Weg der Götter und der Manen" beschreiben. Sie lassen jene, die die „Kenntnis" haben, und jene, die im Walde Glauben und Wahrheit pflegen, in die Flamme eingehen, aus der Flamme in den Tag, von da in die lichte Hälfte des Monats, Jahres, in die Götterwelt, in Sonne, Blitz, wo ihnen ein geistiger Mann naht und sie in die Brahmawelten bringt. Sie wohnen in den Brahmawelten bis in die weitesten Fernen und kehren nicht wieder hierher zurück. Die anderen aber, die durch Opfer, Freigebigkeit und Askese die Welt gewinnen, gehen in den Rauch, in die Nacht, in die dunkle Hälfte des Monats, schließlich in den Mond und so fort, bis sie von da durch Äther, Wind, Regen wieder zur Erde gelangen und in dieser Weise im Kreislauf bleiben. Aber die, welche „diese beiden Wege nicht kennen, werden zu Würmern, Vögeln und Insekten aller Art." So in Kürze die eine älteste Darstellung. Buddha spricht selbst davon, wie er in der ersten Nachtwache nach seiner Erleuchtung die Erinnerung an seine früheren Existenzen, an die Tausende seiner früheren Geburten während der vielen Weltalter gewann, in der zweiten Nachtwache die Kenntnis von der Wiederkehr der Wesen, die je nach ihren Taten ihre Stätte finden, der Hohen und Niederen, der Schönen und Häßlichen, der Irrgläubigen, die in die Hölle, der Gläubigen, die in den Himmel kommen. Unermeßlich ist die Zeit eines Weltalters, unermeßlich die Zahl der Weltalter. Wenn ein Mann alle hundert Jahre käme und mit einem seidenen Gewande einen hohen, gewaltigen Berg je einmal streifte, so würde dieser Berg eher verschwinden als ein Weltzeitalter. Oder gesetzt, es gäbe eine von Eisen umgebene Stadt, eine Meile im Geviert und hoch, sie wäre mit Senfkörnern gefüllt, und es käme alle hundert Jahre ein Mann und nähme eines von den Senfkörnern; diese Menge von Senfkörnern würde eher verschwinden als ein Weltalter.

Die treibende Kraft in dem von Ewigkeit zu Ewigkeit eilenden anfangslosen „Samsāra" (Kreislauf der Wiedergeburten) ist das Karman, das „Tun", ein Begriff, der einfach erscheint und doch infolge der ihm anhaftenden Vieldeutigkeit zu verschiedenen Einzelauslegungen führen kann. Er ist im Buddhismus für uns besonders schwer zu fassen, weil ihm das Individuum, die persönliche Unterlage fehlt, an der doch eigentlich die Tat haftet und mit ihren Folgen sich auswirkt. Unser Leben endet nicht mit dem Tode, sondern findet in einem neuen Leibe seine Fortsetzung, sei es in der Welt der Menschen oder Götter oder Tiere, und zwar je nach den Taten (Karman) des früheren Lebens, die unser gegenwärtiges Los bestimmen. Unsere Taten in diesem Leben bedingen unser Schicksal in dem zukünftigen. Was wir heut an Glück und Leid erfahren, ist die Folge unseres früheren Tuns. Es gibt kein unverdientes Glück, kein unverdientes Unglück: alles ist Karman, unentrinnbares Karman. Man wird sagen dürfen, daß diese Lehre, abgesehen von ihrer seltsamen Ausgestaltung, viele Rätsel des Lebens, alle Unterschiede, alles Elend und alle Gebrechen löst, wofern sie überhaupt lösbar sind, und von einem tiefen Gerechtigkeitssinn zeugt. Zwei Stellen mögen hier nur die allgemeine Übereinstimmung des buddhistischen Karman mit den brahmanischen Schulen zeigen. Brahmanisch: „Wenn ein Mensch vom Tode ereilt wird, wenn er das menschliche Dasein verläßt: was bleibt ihm dann zueigen, und womit geht er von hinnen? Was folgt ihm noch und weicht von ihm nicht wie ein Schatten? Beides, das Gute und das Böse, das ein Sterblicher hier getan, bleiben ihm zueigen. Mit ihnen geht er von hinnen; sie folgen ihm wie ein Schatten nach, der nicht von ihm weicht." Buddhistisch: „Nicht in der Luft, nicht im Meer, nicht in der Bergeshöhe findest du auf der Welt einen Platz, wo du von deiner schlechten Tat befreit werden könntest. Einen Mann, der lange verreist war und aus der Ferne heil zurückgekehrt ist, den begrüßen Verwandte, Frau und Gefährten. Ganz so wie Verwandte den zurückgekehrten Lieben, begrüßen einen Rechtschaffenen, der aus dieser in die andere Welt geht, seine guten Taten."

Die Denkmäler der Lehre

Buddha selbst hat nichts Schriftliches hinterlassen. Wir haben nur spätere Texte, deren Wortlaut teilweise auf Buddha zurückgehen dürfte, im wesentlichen aber lange Zeit nach seinem Tode von seinen Jüngern im Gedächtnis überliefert und auf

Konzilien festgestellt worden ist. Das erste dieser Konzilien, das manche Forscher nicht für historisch halten, fand bald nach Buddhas Tode in Radschagriha statt, wo 500 erfahrene, von der Gemeinde gewählte Mönche sieben Monate tagten und die Disziplin und Lehre, also die Grundzüge der beiden ersten Pitaka („Körbe") feststellten. Wieweit seine Beschlüsse Anerkennung und Zustimmung fanden, wissen wir nicht. Es wird aber berichtet, daß ein nach Schluß des Konzils eintreffender berühmter Mönch einer anderen Gemeinde, um seine Zustimmung zu dem Kanon ersucht, die Antwort gab, er wolle lieber an dem festhalten, was er von dem Erhabenen selbst gehört und gelernt habe.

Ein zweites Konzil, etwa um 380 v. Chr. in Vesali gehalten, scheint ganz den Fragen der von vielen Mönchen übertretenen Ordensregeln gewidmet gewesen und durch die Erörterung sehr unbedeutender Dinge auf Mönchsgezänk hinausgekommen zu sein. Von großer Wichtigkeit war das dritte, 245 v. Chr. in der Regierungszeit des Königs Aschoka von Magadha in Pataliputta, dem heutigen Patna, gehaltene Konzil, das sich wieder mit Fragen der gelockerten Disziplin befaßte, die Lehre Buddhas aufs neue nach der Auffassung des großen Thera (Ältesten) Moggaliputta und seiner Anhänger feststellte und in der Geschichte der Kirche seine besondere Stellung dadurch erhielt, daß es den Beschluß faßte, Missionen auszusenden, um Buddhas Lehre weithin zu verbreiten, und dadurch dem Buddhismus den Charakter einer Weltreligion verlieh. Es erfreute sich der besonderen Huld des Königs, der die Versammlung durch einen

Erlaß begrüßte, in dem er seine Verehrung für Buddha, seine Lehre und seine Gemeinde bezeugt, die Titel einiger buddhistischer Schriften nennt und Mönche wie Schwestern, Kleriker wie Laien zu deren eifrigem Studium ermahnt. Wir besitzen die Anrede noch; auf einem Felsblock, der sich jezt im Museum der Asiatischen Gesellschaft zu Kalkutta befindet, ist sie uns erhalten. Die Anführung einzelner, mit Namen genannter Schriften in dieser Urkunde, die in dem Kanon fast sämtlich aufgefunden wurden, berechtigt zu dem Schluß, daß die Hauptmasse der in ihr erwähnten Schriften im ganzen und großen von den in Patna festgestellten, abgesehen von Zusätzen und Einschüben, nicht sehr abweichen wird. Man braucht nicht die Überlieferung mit dem Zweifel anzutasten, wie einer unserer gründlichsten Palikenner getan hat: daß wir von Buddhas Persönlichkeit nichts wüßten und sein Name nur eine Art von Deckname für einen oder mehrere große Unbekannte wäre, die hinter diesen Texten ständen. All die Schriften weisen konzentrisch auf den einen, sie alle belebenden und durchdringenden Namen Buddhas hin, so daß wir in ihm den sicheren Mittelpunkt dieser Sekte sehen müssen, selbst wenn das Megasthenes-Fragment, das von den an „Boutta" Glaubenden spricht, den sie um seiner Heiligkeit willen wie einen Gott verehren, kritisch nicht gesichert ist.

Die große, ständig geschulte Gedächtniskraft der Inder, die es möglich machte, umfangreiche Werke der ältesten Literatur Wort für Wort und Akzent für Akzent ohne jeden Fehler herzusagen und in

Zweifelsfällen nicht die Handschriften, sondern das Gedächtnis bedeutender Lehrer herbeizuziehen, wird, soweit es möglich war, auch die treue Überlieferung der buddhistischen Texte bis zu ihrer Aufzeichnung, die im 1. Jahrhundert v. Chr. in Ceylon stattfand, gestützt haben. Wir begegnen auf Weiheinschriften des 2. Jahrhunderts v. Chr. Bezeichnungen wie „Kenner der Pitaka" oder „Kennerin der Sutta (Lehre)", die doch das Vorhandensein dieser Überlieferung voraussetzen.

Eine unerwartete Bestätigung des Glaubens an die Echtheit und das Alter unseres Kanons haben die glänzenden Funde der Turfanexpeditionen unter der Führung von Lecoq, Grünwedel, Aurel Stein u. a. gebracht. Sie zogen Reste alter Handschriften und Blockdrucke an das Licht, deren Erforschung durch R. Pischel das Vorhandensein eines alten Sanskritkanons im Norden ergab, der von dem Palikanon unabhängig ist, aber „in dem Kern der Lehre Buddhas" eine Übereinstimmung beider Fassungen zeigt, so daß die nördliche und südliche Überlieferung, die später sehr auseinandergingen, einen gemeinsamen Ausgangspunkt gehabt haben müssen. Trotzdem stehen unsere südlichen Quellen nicht über aller Kritik. Die Feststellung auf dem Konzil von Patna fand doch erst zweihundert Jahre nach Buddhas Tode statt. Wir haben keine wirkliche Redaktion, sondern eine Sammlung vor uns, in der sich vieles Alte und Echte, erkennbar an seiner steten und gleichlautenden Wiederholung in allen oder vielen Texten, aber auch manches Neue fand, Zusätze und Erweiterungen, die von Späteren stammen und Buddhas Lehre von ihrem Standpunkt aus erläutern wollen. Es finden sich auch Widersprüche, die die Einwirkung verschiedener Berichterstatter bezeugen, die der Abstand mehrerer Jahrhunderte seit Buddhas „Verlöschen" (Pali: Parinibbana, Sanskrit: Parinirvâna) verursachte. Die Worte „so habe ich gehört", mit denen viele Reden anfangen, beweisen das bei keinem Bericht auszuschaltende subjektive Moment. Wir können auch noch nicht etwaige Entwicklungsstadien der Überlieferung zwischen Buddhas Tode und dem wichtigsten aller Konzilien auseinanderhalten; noch weniger die innerhalb Buddhas langen Lebens selbst. Sind doch auch die Upanischaden trotz oder vielleicht gerade wegen ihres Ansehens während ihres eifrigen Studiums vielfach überarbeitet und mit Zusätzen versehen worden und weit entfernt von kritischer Behandlung. Frankes Warnungen sind daher, wenn er auch in seinen Zweifeln zu weit geht, in ihrer kritischen Bedeutung sehr wohl angetan, zur Vorsicht zu mahnen. Rhys Davids, der treffliche Palikenner, hat in seinem Beitrage zur „Cambridge History of India" in dem Wachstum der Sammlung vorläufig zehn verschiedene Schichten unterscheiden wollen, als älteste die einfache Feststellung der Lehre, wie sie in zwei oder mehreren Werken jetzt gleichlautend enthalten ist, als jüngste die Texte des dritten Pitaka und innerhalb dieser eine besondere Schrift, die von dem erwähnten Moggaliputta zur Feststellung der Lehre nach seiner und seiner Anhänger Ansicht verfaßt worden ist. Wenn diese Bemerkungen den Leser ein wenig in die Werkstatt der Wissenschaft und deren zukünftige Aufgaben hineinsehen lassen, so dürfen sie ihn doch nicht zu dem Glauben verführen, daß der Bau schwanke oder unsicher sei. So wenig wie die tiefere Kritik des Alten oder Neuen Testamentes den Glauben von Juden und Christen geschädigt hat, wird die kaum in den Anfängen stehende kritische Erfassung des Palikanons, der die Tradition doch nur einer Sekte enthält, der Gestalt Buddhas etwas von ihrer Glorie nehmen; im Gegenteil, sie wird dazu beitragen, sie reiner vor unseren Augen erstehen zu lassen. Der Kanon der heiligen Schriften, wie er im Süden überliefert ist, trägt den Titel Tripitaka („Dreikorb"). Es ist eine große Sammlung teilweise sehr umfangreicher Texte, die in drei „Körbe" eingeteilt ist und die Namen Vinaya-, Sutta- und Abhidhammapitaka führen, d. h. „Korb" der Disziplin, der Lehrvorträge und der Metaphysik oder Ethik, von denen die beiden ersten als die älteren gelten. Dazu kommt noch eine große Anzahl besonderer, später entstandener Schriften, Kommentare und so weiter, zum Teil von hervorragenden Männern verfaßt, so daß man einem großen Literaturkreise gegenübersteht, zu dem die erwähnten zahlreichen und umfangreichen Werke des nördlichen Buddhismus mit ihrer wichtigen Übersetzungsliteratur im Tibetischen und Chinesischen hinzutreten. Sie gestalten die Geschichte des Buddhismus zu einer den ganzen Fernen Osten umfassenden Wissenschaft, die über die Arbeitsgebiete des Indologen weit hinausgreift.

All diese Literatur zeugt von dem Leben und der Lehre des Mannes, der das Licht des Ostens geworden ist. Noch war er nach der Erweckung unter dem Feigenbaum ein „Einzelbuddha", ein pattschekabuddha (Sanskrit: pratyekabuddha), d. h. er hatte aus eigener Kraft die Erkenntnis gewonnen, die zur Erlösung führt, aber diese Erlösung den anderen Heilsuchern noch nicht mitgeteilt. Die Predigt von Benares bezeichnet den entscheidenden Schritt, der ihn zum „Vollendeten Buddha" (sammāsambuddha) machte. Die Zweifel in seinem Herzen, ob die Menschheit, irdischem Treiben zugetan, seine Lehre verstehen und deren Verkündigung ihn nicht nur Erschöpfung und Mühe bringen würde, waren zu Ende, die Angriffe des Versuchers (Māra) abgewehrt; er trat hinaus, seine Lehre zu verkünden.

Die Predigt von Benares

Buddha gedachte zuerst der fünf Mönche, die in seiner Nähe geweilt und ihn verlassen hatten, weil er die strenge Askese aufgab. Durch seines Auges Wunderkraft wußte er, daß sie in Benares im Wildpark Isipatana weilten. Dorthin begab er sich. Da sahen diese fünf ihn nahen und machten miteinander aus: „Da kommt Gotama, der, von der Askese abgefallen, im Überfluß lebt, sich dem Überfluß zugewandt hat. Wir wollen ihn nicht begrüßen, nicht vor ihm aufstehen, ihm Almosenschale und Gewand nicht abnehmen, ihm aber einen Sitz hinstellen. Wenn er Lust hat, kann er sich setzen." Je näher der Erhabene kam, desto weniger verblieben die fünf Mönche bei ihrem Abkommen. Sie gingen dem Erhabenen entgegen. Einer nahm ihm Gewand und

Almosentopf ab, einer wies ihm einen Sitz, einer
stellte ihm Fußwasser und Fußstuhl hin. Sie redeten
ihn gar mit Namen und „Bruder" an. „Redet, ihr
Mönche", sprach er, „den Vollendeten nicht mit
Namen und Bruder an. Erlöst ist, ihr Bhikkhu, der
Vollendete, zur vollen Erkenntnis gelangt. Tut euer
Ohr auf: das Unsterbliche ist gewonnen. Ich unter-
weise euch; ich predige euch die Lehre. Tut, wie
ihr unterwiesen seid, und ihr werdet nach nicht
langer Zeit die unübertreffliche Vollendung heiligen
Wandels, um deren willen Söhne edler Häuser aus
der Heimat in die Heimatlosigkeit ziehen, noch in
dieser Welt erkennen, sie erfahren, darin wandeln."
Die fünf erwiderten: „Du hast doch durch deinen
Wandel, deinen Weg, dein schwieriges Kasteien die
übermenschliche Lehre, die herrliche, vollkommene
Erkenntnis nicht erlangt; wie willst du jetzt, im
Überfluß befindlich, von der Askese abgefallen,
dem Überfluß hingegeben, die übermenschliche,
herrliche, vollkommene Erkenntnis erlangen?" —
„Der Vollendete lebt nicht im Überfluß, ist nicht
von der Askese abgefallen, hat sich nicht dem
Überfluß hingegeben. Erlöst ist, o ihr Bhikkhu, der
Vollendete, zu voller Erkenntnis gelangt. Tut eure
Ohren auf, das Unsterbliche ist gewonnen. Ich
unterweise euch, ich predige euch die Lehre. Wie
ihr unterwiesen seid, so tut ..." Die Rede wiederholt sich ein zweites und drittes Mal. „Erkennt
ihr, ihr Bhikkhu, daß ich früher so zu euch nicht
gesprochen habe?" — „So nicht, Herr!" — „Erlöst
ist, ihr Bhikkhu, der Vollendete, zur vollen Erkenntnis gelangt ..."

Es gelang dem Heiligen, die fünf Asketen zu gewinnen. Sie hörten wieder auf den Heiligen, taten ihre Ohren auf und wendeten ihren Geist der Erkenntnis zu. Er sprach: „Es gibt zwei Wege, ihr Mönche, die muß der meiden, welcher der Welt entsagt. Welche zwei? Der eine ist der in Lüsten, die Hingabe an Lust und Behagen; der ist niedrig, gemein, gewöhnlich, unedel, zwecklos. Der andere ist Hingabe an Selbstpeinigung; der ist schmerzvoll, unedel, zwecklos. Keinen der beiden berührt der Pfad der Mitte, der, vom Vollendeten erkannt, den Blick öffnet, die Erkenntnis öffnet, zu Frieden, Einsicht, Erweckung, Nirvana führt. Welches ist der Pfad der Mitte, der, vom Vollendeten erkannt, den Blick öffnet, die Erkenntnis öffnet, zu Frieden, Einsicht, Erweckung, Nirvana führt?

„Es ist der achtteilige Pfad: rechtes Sehen (Glauben), rechtes Wollen, rechtes Wort, rechte Tat, rechtes Leben, rechtes Sichbemühen, rechtes Sichbesinnen, rechtes Sichversenken. Das, ihr Bhikkhu, ist der vom Vollendeten erkannte Pfad der Mitte, der den Blick öffnet, die Erkenntnis öffnet, zu Frieden, Einsicht, Erweckung, Nirvana führt.[1]

„Das ist, ihr Mönche, die edle Wahrheit vom Leiden: Geburt ist Leiden, Alter ist Leiden,

---

[1] Ich gebe hier noch die Übersetzung dieser Reihe durch Oldenberg (Reden, S. 45): Rechtes Glauben, rechtes Entschließen, rechtes Wort, rechte Tat, rechtes Leben, rechtes Streben, rechtes Gedenken, rechtes Sichversenken. Pischel, Leben und Lehre, S. 28: Rechter Glaube, rechtes Sichentschließen, rechtes Wort, rechte Tat, rechtes Leben, rechtes Sichbemühen, rechtes Gedenken, rechtes Sichversenken. Beckh, Buddha I, S. 67: Rechte Ansicht, rechter Gedanke (Entschluß), rechte Rede, rechte Tat, rechtes Leben, rechtes Streben, rechte Besinnung, rechte Meditation.

Krankheit ist Leiden, Tod ist Leiden. Mit Unlieben vereint sein ist Leiden, von Lieben getrennt sein ist Leiden, seine Wünsche nicht erreichen ist Leiden: kurz, die fünf Gruppen des Haftens am Irdischen [1] sind Leiden.

„Das, ihr Mönche, ist die edle Wahrheit vom **Entstehen des Leidens**: es ist die Gier (der Durst), der von Wiedergeburt zu Wiedergeburt führt, der begleitet ist von Freude und Lust, die hier und dort sich vergnügt, nämlich die Gier nach sinnlicher Lust, nach Werden (Wiedergeburt), nach Vergehen (Tod oder Nichtsein) [2].

„Das ist die heilige Wahrheit von der **Aufhebung des Leidens**: die vollständige Unterdrückung der Gier mit all ihrer Leidenschaft, ihr Aufgeben, sich von ihr lossagen, sich von ihr befreien, sie vertreiben.

„Das, ihr Mönche, ist die edle Wahrheit **vom Weg zur Aufhebung des Leidens**, das ist der edle achtteilige Weg: rechtes Sehen ...

„‚Das ist die heilige Wahrheit vom Leiden'. Über diese vorher nie gehörten Begriffe ging mir das Auge auf, ging mir die Erkenntnis auf, das Verständnis, das Wissen, das Licht. ‚Diese edle Wahrheit vom Leiden muß man erkennen'; diese heilige Wahrheit

---

[1] Siehe S. 85 die fünf Skandha, „Gruppen", aus denen sich das Individuum zusammensetzt. Mit ihnen haftet es an den Dingen der vergänglichen Welt und kommt es zu Leiden.

[2] Hierzu bemerkt Beckh: „In jenem Daseinsüberdrusse, jener Sehnsucht nach Nichtsein, sieht der Buddhismus nur eine ins Negative umgeschlagene sinnliche Begierde, die mit den anderen Arten der sinnlichen Begierde ... durchaus auf eine Stufe gestellt wird .. Es ist daher ein vollkommenes Mißverständnis, die Lehre des Buddha als ein Evangelium des Weltekels oder Daseinsüberdrusses zu betrachten." Immerhin ist die Unterscheidung, in der Theorie wohl verständlich, der Wirklichkeit gegenüber nicht groß.

vom Leiden habe ich erkannt. Über diese von mir vorher nie gehörten Begriffe ging mir das Auge auf, ging die Erkenntnis auf, das Verständnis, das Wissen, das Licht.

„Das ist, ihr Mönche, die heilige Wahrheit von der Entstehung des Leidens; über diese von mir vorher..."

So wiederholen sich in umständlicher Darlegung auch bei diesen drei Wahrheiten, von der Entstehung des Leidens, der Aufhebung und dem Weg zur Aufhebung des Leidens, die entsprechenden Worte. Dann fährt Buddha fort: „Solange mir in diesen vier Wahrheiten, in ihrer dreifachen Wendung, zwölffachen Gestalt die wahre Erkenntnis nicht rein und lauter zuteil wurde, solange merkte ich, ihr Mönche, daß ich in der Welt samt Göttern, Māra, Brahma, unter den Wesen samt Brahmanen und Asketen, samt Göttern und Menschen noch nicht die höchste, vollkommene Erleuchtung erreicht hatte. Seit mir aber in diesen vier Wahrheiten mit ihrer dreifachen Wendung, zwölffachen Gestalt die wahre Erkenntnis rein und lauter zuteil wurde, da merkte ich, ihr Mönche, daß ich in der Welt samt Göttern Māra, Brahma, unter den Wesen samt Brahmanen und Asketen, samt Göttern und Menschen die höchste, vollkommene Erleuchtung erreicht hatte. So ging mir die Erkenntnis auf und das Schauen: unerschütterlich ist meines Geistes Befreiung. Dies ist meine letzte Geburt; es gibt fortan keine Wiedergeburt."

Freudig begrüßten die fünf Mönche dieses Wort des Erhabenen, und während diese Belehrung vorgetragen wurde, da ging fleckenlos und klar Kondanna der Blick der Lehre auf: „Was immer dem Entstehen unterliegt, unterliegt alles dem Vergehen."

Das ist die Rede von Benares, die die Götter der Erde mit Jubel begrüßten. Sie pflanzte sich fort zu den Göttern der himmlischen Großkönigreiche und zu denen anderer Schichten. Die Tausende von Welten erbebten. Ein unendlicher Glanz, der die Herrlichkeit der Götter überstrahlte, wurde sichtbar und verbreitete sich weithin. Mit duftiger Zartheit haben spätere Dichter diese Nacht der Verkündigung gefeiert. „Gleich einer lieblichen Jungfrau war sie gekommen, die erste Predigt Buddhas zu hören. Die Sterne waren der Perlenschmuck ihres Nackens, die dunklen Wolken ihr geflochtenes Haar, .. ihre Augen die weißen Lotosblumen, die sich öffnen vor dem aufgehenden Mond, und ihre Stimme gleichsam das Summen der Bienen. Auch die Engel drängten sich, Buddhas Rede zu hören. Das Geräusch ihres Kommens war wie der Regen im Sturm. Alle Welten waren leer ... und jeder der zahllosen Zuhörer dachte, daß der Redende auf ihn selbst schaute und in seiner eigenen Sprache rede, obwohl es Pali war, das er sprach."

Die Predigt führt den Namen des Dhammatschakkappavattana, das „Rollenlassen des Rades der guten Lehre". Das Rad ist das Symbol der Herrschaft, der Tschakkavattin der König, der das Rad seines Siegeswagens über die Erde rollt. So wird Buddha, der sich die Welt unterwirft, mit einem König verglichen, der das Rad seiner Herrschaft über den Erdkreis rollt.

Die Lehre von den vier Wahrheiten kehrt in den Palischriften wie denen des nördlichen Buddhismus wieder, so daß wir sicher annehmen dürfen, den

Kern der Lehre Buddhas vor uns zu haben. Die archäologische Durchforschung hat die allen buddhistischen Herzen geheiligte Stätte, wo Buddha die Lehre zum ersten Male der Welt verkündete, jetzt wieder freigelegt und als eines der wertvollsten Denkmäler eine Inschrift des Königs Aschoka auf einem Pfeiler, den ein persepolitanisches Kapitäl mit Löwen und dem Rade der Herrschaft schmückt, an den Tag gebracht, außerdem aus dem 2. oder 3. Jahrhundert unserer Zeit eine Inschrift mit den vier edlen Wahrheiten.

Die hier wiedergegebene Rede bedarf einiger Worte. An der Spitze alles Leidens, als Urheberin all der Übel und der Wiedergeburt, steht die Gier, der Durst, die den Hang zum Dasein gebiert. Ihr Wachstum ist wie das Brennen einer Öllampe, die mittels des Dochtes und des Öles brennt. Wenn ein Mensch immer wieder Öl aufgösse und den Docht erneuerte, so würde sie immer weiter brennen. So wächst die Gier dessen, der sich an den Dingen dieser Welt erfreut, während die Lampe erlischt, wenn ihr kein neuer Stoff zugeführt wird, und die Gier in dem erlischt, der in den Dingen dieser Welt nur Übel sieht. Sie wird mit einem Schlinggewächs verglichen, einem Walde, einer Hydra und so weiter und bildet den Gegenpol zu dem alle Seligkeit bildenden Nirvana. Wenn die Predigt von den „vier" Wahrheiten, dem „achtfachen" Wege spricht, so begegnen wir Buddhas Liebe für Zahlensystematik, die er auch an anderen Stellen beweist und mit vielen Lehrern, vorzugsweise der Philosophie, gemeinsam hat. Er spricht zu Zuhörern, die wie er mit solcher Systematik vertraut waren. Der Europäer, dem weder die Einstellung des Orients gegeben ist, noch die Möglichkeit, sich in jene Atmosphäre des Denkens zu versetzen, wird anders empfinden als die zuhörenden Mönche und nicht wie sie von jenen Reden bewegt werden. Aber auch er wird die Reinheit und schlichte Hoheit dieser Worte verspüren, die hinaustönen über das selbstische Getümmel des menschlichen Egoismus, weit hinaus über die dumpfen Werke des Opferdienstes, dieser Predigt, die inmitten einer Welt des Aberglaubens und der Unruhe den Weg zu einer Höhe des Seelenfriedens zeigte, zu dem emporzustreben es viele der Besten seiner Zeit aus der Heimat in die Heimatlosigkeit getrieben haben mag. Wenn in ihnen von der Gier (wie ich statt Durst allgemeinverständlicher sagen möchte) nach sinnlicher Lust, nach Werden und Vergehen (d. h. nach Wiedergeburt oder ewigem Tode) gesprochen wird, so scheint daraus hervorzugehen, daß für seine Lehre der ewige Tod ausgeschlossen ist. Sie ist schon in den Upanischaden, und zwar in einer der ältesten verurteilt, die erwähnt, daß jene, die dem Vergehen anhängen, in tiefe Finsternis gehen, in noch tiefere, scheint es, solche, die an dem Werden sich erfreuen. So sehen wir auch hier die beiden Gruppen als der Gier verfallen genannt. Wir haben weiter in dieser Rede mit ihren weitläufigen und umständlichen Formen der Darlegung, die in langsamerer Windung die Straße aufwärts führt, ein Beispiel der sozusagen akademischen Belehrung durch Buddha, die er in den Gesprächen häufig anwendet. Um so mehr sticht dann ab die knappe, einer Ergänzung bedürfende

Erwähnung des edlen achtteiligen Weges, der durch das ganze buddhistische Heiligkeitsgebäude hinauf zum Nirvana führt. Sie zerfällt in zwei Abschnitte, deren erste sieben Teile die Vorbedingungen und Vorbereitungen zu dem letzten, dem eigentlichen Hauptteil, der Versenkung, sind. Sie kann so knapp schwerlich gehalten worden sein, denn auch die Zuhörer, denen Buddha sonst so ausführliche Erläuterungen gab, und denen hier doch eine neue Offenbarung zuteil werden sollte, mußten Genaueres von Buddha selbst gerade in dieser großen Stunde der ersten Verkündigung zu hören erwarten; sie erhalten aber nur eine Formel, eine Inhaltsangabe, die mit dem „rechten Sehen" oder „Glauben" beginnt, das heißt dem willigen Vertrauen auf die Lehre Buddhas, die den rechten Pfad gezeigt hat. Wir begegnen oft der Äußerung, daß nach einer Rede Buddhas der Hörende erklärt, er nehme bei Buddha, bei der Lehre, bei der Gemeinde seine Zuflucht, und damit seinen Glauben an den Vollendeten bezeugt. Damit ist er freilich nicht erlöst, sondern steht am Anfange des Weges, den er nicht durch Buddhas Fürbitte oder Vermittlung oder irgend etwas, das dem christlichen Gedanken entspricht, sich erleichtern kann, sondern ausschließlich durch eigene Kraft gehen und vollenden muß.

Die Sittenlehre

Die anderen Glieder der Reihe vom rechten Wollen bis zum rechten Sichbesinnen, das wir besser als

Selbstwachsamkeit (die Aufmerksamkeit auf sich selbst und das von ihm Erreichte) auffassen, werden wir als die Sittenlehre des Buddhismus ansehen. Die volle Erlösung ist bloß für den weltentsagenden Mönch oder die Nonne erreichbar; dem Laien aber, dem Upasaka (dem „Verehrer"), der in der Welt verbleibt und seine Verehrung für Buddhas Lehre, seine Mönche und Nonnen, durch fromme Gaben betätigt, bleibt der Weg nur in seinen ersten Stufen offen, damit er in späteren Geburten ihn weiter vollende. Ein Teil der Sittenlehre gilt auch ihm; nach einer Strecke gemeinsam zurückgelegten Weges beginnt für den Mönch die einsame Wanderschaft hinauf zu dem letzten Gliede, Samādhi, zur „Versenkung". Gerade jene allgemeine Sittlichkeitslehre aber befähigte den Buddhismus, eine Weltreligion, ein Erzieher zur Religion und Moral zu werden und weithin in den von ihm erfaßten Völkern den Samen einer höheren Sittlichkeit auszustreuen. Wir besitzen diese Sittenlehre in einem Text, der die Lehre des Sigāla heißt und der nördlichen wie der südlichen Überlieferung angehört. „Viele seiner Ideen", sagt Rhys Davids, „passen nur in einen Gesellschaftszustand, den wir in unserer ruhelosen Zeit des sozialen Kampfes für immer verlassen haben; aber wir können uns wenigstens einen Begriff davon machen, wie glücklich das Dorf und der Stamm an den Ufern des Ganges zu sein vermocht hat, wo das Volk von jenem wohlwollenden Geiste der Sympathie, dem edlen Geiste der Gerechtigkeit durchdrungen war, der durch diese naiven und schlichten Reden geht." Ich glaube ja nicht, daß der verehrte Forscher mit seinem frohen Glauben die Wirklichkeit getroffen hat, weil überall und unter allen Systemen die Menschen in ihrer Gesamtheit gleich gut und schlecht bleiben; aber in bezug auf den ethischen Wert der Lehre, die wie alle wahren Religionen dem Menschen einen Spiegel vorhält und ihnen zeigt, wie sie sein sollten, werden wir in bezug auf den Buddhismus ihm gern beistimmen. Diese Lehre behandelt, um ein Beispiel zu geben, das Verhältnis von Eltern und Kindern, Lehrern und Schülern, Eheleuten, Herren und Dienern. Die Eltern sollen unter anderem ihre Kinder von Lastern abhalten und zur Tugend erziehen, in den Wissenschaften unterrichten lassen; hingegen haben die Kinder die zu unterstützen, die sie unterstützt haben, die Pflichten gegen die Familie zu erfüllen, die ihnen obliegen, ihr Gedächtnis zu ehren. Dem Schüler wird empfohlen, seinen Lehrer zu achten, ihm zu dienen, zu gehorchen, zu dem Notwendigen zu verhelfen, Aufmerksamkeit zu schenken, und andererseits dem Lehrer, den Schüler zu allem Guten anzuhalten, zu unterrichten, das Wissen zu bewahren und so weiter. Der Herr soll den Dienern die Arbeit nach Kräften zuteilen, angemessene Nahrung und Entlohnung gewähren, sie in Krankheitsfällen pflegen, seltene Leckerbissen mit ihnen teilen, ihnen ab und zu Feiertage gewähren; die Diener hinwiederum sind es schuldig, vor ihm aufzustehen, nach ihm sich zur Ruhe zu begeben, mit dem zufrieden zu sein, was ihnen gegeben wird, munter und gründlich zu arbeiten, gut von ihm zu reden.

Während dieser Text in populärer Weise die Pflichten des täglichen Lebens lehrt, finden wir in einem anderen die für den Hausvorstand bestehenden Verbote ausgesprochen, der nicht das ganze Gesetz eines Mönches erfüllen kann. Er soll 1. kein lebendes Wesen töten oder töten lassen, noch soll er, wenn andere eines töten, es billigen und gegen alle Wesen, die starken wie die, „welche in der Welt zittern", den „Stab niederlegen" (milde sein); 2. nicht an sich nehmen, was ihm nicht geschenkt ist, noch jemanden dazu veranlassen, noch es billigen, wenn andere stehlen; 3. unkeuschen Wandel meiden wie einen Haufen brennender Kohlen, jedenfalls, wenn er ein keusches Leben nicht zu führen vermag, sich gegen die Frau eines anderen nicht vergehen. Viertens darf er weder vor der kleinen noch vor der großen Ratsversammlung einen anderen belügen, noch zum Lügen anstiften, noch einem Lügner zustimmen, vielmehr alles Unwahre vermeiden. Ein Haushalter, der die Lehre annimmt, soll berauschenden Getränken sich nicht hingeben, noch andere dazu veranlassen, noch einem Trinker zustimmen, denn er weiß, daß das in Wahnsinn endet.

Dies sind die Verbote, die für den Laien wie für den Mönch gelten. Für diesen aber bestehen noch strengere Vorschriften; denn er darf weder zu unerlaubter Zeit essen, noch an Tanz, Gesang, Musikaufführung, Schauspiel teilnehmen, Kränze oder Parfüm nicht verwenden, auch nicht in hohem oder breitem Bett schlafen, Gold oder Silber nicht annehmen.

Das Verbot des Tötens hat seine besondere Wirkung hinsichtlich der Stellung Buddhas zum brahmanischen Kult; mit ihm ist gegeben, daß Buddha alle Tieropfer verwirft. Den brahmanischen Hofpriester Kutadanta ermahnt er, kein großes Opfer zu bringen, bei dem Rinder, Ziegen, Schafe geschlachtet, Bäume zu Opferpfählen umgehauen werden, Opfergras geschnitten ist, sondern statt seiner Almosen zu spenden und darbringen zu lassen.

Das sind alte, nicht erst vom Buddhismus eingeführte Vorschriften. In einer der Verspredigten (Suttanipata) spricht er, nach dem Gesetz der Brahmanen in der Vergangenheit gefragt, daß die alten Weisen der Vorzeit ihre Sinne zähmten, Askese übten, die fünf Sinnesobjekte aufgaben und nur dem Selbst lebten. Vieh, Gold, Korn war nicht der Brahmanen Reichtum; ihr Reichtum war das Studium. Sie bewahrten den heiligen Schatz: Keuschheit übten sie und gute Sitte, Rechtlichkeit, Milde, Kasteiung, Freundlichkeit, Schonung lebender Wesen und Geduld.

Aber das Endziel ist die Sittenlehre nicht; sie ist eben nur Vorbedingung, die unbedeutend ist im Vergleich mit dem großen Ziel der Erlösung. An einer Stelle spricht Buddha davon, daß es unerheblich, nebensächlich, lediglich Sittenlehre sei, wenn das gewöhnliche Volk das Lob des Vollendeten anstimme und von ihm sage, er sei der Verletzung lebender Wesen abgeneigt, führe keinen Stock, keine Waffe, sei zurückhaltend, voll Mitleid, nur vom Wohlwollen für alle Wesen bewegt.

Die Versenkung

Zu dem hohen Ziel führt die Versenkung. Buddha hat sie von der Yogaphilosophie herübergenommen, deren strenge Askese aber verlassen. Er spricht von dieser am Anfang seiner Benaresrede als dem einen der beiden Wege, die zu vermeiden seien, und nennt sie schmerzvoll, unedel, zwecklos. Er belehrt Sona, der sich ihr allzu sehr hingegeben und seinen Ernst durch blutige Fußspuren am Boden bewiesen hat, mit dem der Musik entnommenen Beispiel einer Laute, auf der man ebensowenig spielen könne, wenn die Saiten zu locker, als wenn sie zu straff gespannt sind. Sona solle sich das Gleichmaß der Kräfte, der Sinne wahren und hierin sein Ziel suchen.

Ein Platz im Walde, der Fuß eines Baumes, ein Berg, eine Schlucht, eine Felsenhöhle oder ein anderer freundlicher Ort laden den stillen Mönch zum Meditieren ein. Sein Schatz sittlicher Zucht, Beherrschung seiner Sinne, Selbstbewahrung, Zufriedenheit gehen mit ihm in die Einsamkeit. Nach dem Almosengang, nach der Mahlzeit läßt er sich nieder, die Beine gekreuzt, den Oberkörper aufgerichtet, aufmerksamen Geistes. Unter Aufgabe aller Lüste, alles üblen Wesens geht er unter Erwägen und Nachdenken in die erste, aus dem Loslösen entstandene freud- und befriedigungsvolle Meditationsstufe ein. Wie oben (S. 22) folgen darauf die nächsten drei Stufen, die oftmals und stereotyp geschildert sind.

An einer der wichtigsten Stellen begegnen wir einer Schilderung der Empfindungen, die im Geist bei jeder neu erreichten Stufe lebendig werden. Wie wenn jemand von Kopf bis Fuß weißgekleidet dasitzt — heißt es zum Beispiel mit Bezug auf die vierte Stufe — und es keine einzige Stelle des Körpers gibt, die nicht weiß umhüllt wäre, so sitzt ein solcher

Bhikkhu da und durchdringt seinen Körper mit solcher Läuterung seines Geistes und solcher Helle, daß nicht das kleinste Winkelchen undurchdrungen bleibt. An die weitere Entwicklung und Steigerung der Versenkung knüpft die Vorstellung von dadurch erreichten Wunderkräften an, die eigentlich Yogaeigenschaften sind und dem in solchem Zustand Befindlichen die Fähigkeit verleihen, durch alle Wände zu dringen, den Mond anzufassen, mit den Göttern zu verkehren; aber es sind doch nur Nebendinge für den, der den Weg zur Vollendung schreitet.

Es gibt noch andere von den Heilsuchenden zu betretende Meditationswege, so die „vier Unbegrenzten", bei denen es sich um die Erstreckung des uneingeschränkten Wohlwollens über alle anderen fühlenden Wesen, nicht um die Entstehung und Unterdrückung des Leidens handelt. Sie bestehen in Wohlwollen, Mitleid, Sympathie und Selbstlosigkeit, indem der Mönch jeden dieser Zustände über eine Himmelsrichtung nach der anderen, nach oben, unten, in die Quere, nach allen Seiten über die ganze Welt hin sich erstrecken läßt, breit, groß, unbegrenzt, frei von Feindseligkeit und Schädigung.

Nicht jeder, der den Heilspfad betritt, kann ein Buddha werden. Der Weg stuft sich nach unten ab: die unterste Stufe, das Einlenken in den Strom, das heißt den Pfad der Heiligung erklimmen jene, die der buddhistischen Lehre voll gläubigen Vertrauens sich zuwenden, die gute Lehre hören, sie bedenken und praktische Tugenden üben. Sie sind nicht am Ende der Wiedergeburten, sondern nur befreit von den niederen und geringeren Welten. Nur noch einmal kehrt in die Welt zurück, wer der Täuschung in bezug auf ein „Selbst" entsagt, seine Begierden und Leidenschaften verringert hat. Nicht mehr in dieser Welt wird geboren, wer jede Spur von Sinnlichkeit und Übelwollen von sich getan hat und nichts selbst begehrt. Ihm winkt die Götterwelt und von dort das Nirvana. Die letzte und höchste Stufe gebührt dem Arhat, der frei ist von allen Irrtümern und allem sündigen Verlangen, Mitleid und Liebe zu anderen Menschen hegt. Der Arhat, der Würdige, ist, wie Köppen sagt, der Schlußstein des buddhistischen Heiligkeitsgebäudes.

Höher als dieser noch steht in der Anschauung der nördlichen Buddhisten der Pattschekabuddha, der Einzelbuddha, der individuelle Buddha, der den Weg zum Nirvana gefunden und dieses selbst erreicht, aber sich nicht entschlossen hat, die Lehre zu verkünden, sondern sie für sich behält im Gegensatz zu dem, der hoch über allen steht, dem völlig Erleuchteten, der seine Lehre der Welt mitteilt und predigt, dem Sammasambuddha. Ein Arhat ist immer nur ein Schüler Buddhas; ein Pattschekabuddha steht höher, weil er durch eigene Kraft, als „Autodidakt", den Weg aus dem Samsāra gefunden hat.

Nibbana (Nirvāna)

Wir gelangen nun zu dem wichtigsten Teil der Lehre, zu dem Zustand, der mit einer unaussprechlichen Seligkeit den erfüllt, der in den letzten Tiefen der Versenkung das summum bonum (höchste Gut) der buddhistischen Welt in sich erfährt. Es bedeutet „Auslöschen" (von einem Zeitwort va mit dem Präfix nis oder nir und dem Suffix na gebildetes Substantiv; eine andere Deutung schlägt Franke vor, nämlich von Pali vā = gehen). Es ist unendlich viel besprochen und anfänglich als das Nichts schlechthin gedeutet worden. Das ist nicht richtig.

In der brahmanischen Philosophie, der der Buddhismus so viel an Begriffen und Worten entlehnt hat, begegnen wir dem Worte brahmanirvana, das heißt „Auslöschen in Brahman", also des Ich des Einzelnen in dem höchsten Brahman, dem Ewigen, Unwandelbaren, mit dem das Ich identisch ist. Das Brahman ist die Stätte des Friedens gegenüber den Wahnvorstellungen, die von dem in die Welt und ihre Irrungen verstrickten Ich ausgehen. „Ohne Leid, ohne Neid, in vollkommener Ruhe und Ungetrübtheit des Geistes, ohne Leidenschaft, losgelöst von den Banden der Anhänglichkeit wird er Brahman ebenbürtig", heißt es im Epos. Buddha hat das Wort Nirvana allein gebraucht und keinen solch erklärenden Zusatz hinzugefügt; das erklärt sich aus seinem nachher zu schildernden Agnostizismus, der jede Äußerung über das, was wir nicht wissen können, über Fragen wie das Leben nach dem Tode und so weiter als für seine Lehre unwesentlich oder gleichgültig vermied. Vor Jahren hatte Rhys Davids schon die Erklärung des Nirvana gegeben als das „Auslöschen jener sündigen, greifenden Beschaffenheit des Geistes und des Herzens, die sonst nach dem großen Mysterium des Karman die Ursache zu erneutem individuellem Sein werden würde ... Daher ist Nirvana das nämliche wie ein sündenloser, ruhiger Gemütszustand, und wenn das Wort überhaupt übersetzt werden soll, wird es vielleicht am besten mit ‚Heiligkeit' wiederzugeben sein, denn Heiligkeit bedeutet im buddhistischen Sinn: Vollkommenheit in Frieden, Güte, Weisheit." Rhys Davids macht aber selbst darauf aufmerksam, daß unser Begriff von Heiligkeit leicht Vorstellungen wie Liebe zu einem persönlichen Schöpfer und andere Gedanken, die mit buddhistischer Heiligkeit unvereinbar sind, erwecken könnte, und zieht darum vor, „das Wort Nirvana als einen der Namen für das buddhistische summum bonum beizubehalten, das ein glücklicher Geisteszustand, eine moralische Beschaffenheit, eine auf die Persönlichkeit sich beziehende Wandlung ist". Wenn Nirvana erreicht ist, dann lösen die Skandha (siehe S. 88) sich auf und vermögen nicht mehr, ein neues Individuum zu bilden.

„Die Götter selbst beneiden den, der es vermocht hat, seine Sinne zu zügeln wie der Wagenlenker das Roß, der frei ist von Stolz und Begehren. Kein neuer Kreislauf erwartet ihn. Wie die Erde ist er frei von Schwanken, gleich einem See ohne Schlamm. Friedlich ist sein Geist, sein Sprechen, sein Tun; beruhigt sein Sinn, wenn er durch rechtes Erkennen erlöst ist. Der Mann steht am höchsten, der keinem Glauben anhängt, das Ungeschaffene kennt, die Fesseln sprengt und keine Hoffnung hegt. Sei es Dorf, Wald, Tal oder Berg, der Ort, das Land ist lieblich, wo ein Erlöster weilt. Wo die Welt keine Freude findet, dort werden sich die Leidenschaftslosen freuen, nicht aber die, die Sklaven der Wünsche sind."

In immer neuen Worten wird das Glück, die Seligkeit gepriesen, die der Erlöste, der Arhat, erfährt. Dieses Nibbana ist das höchste Glück, der Gegenpol zu den verwirrenden Leidenschaften der Tanha, der Gier. Hunger ist die schlimmste Krankheit; die Samkhara (siehe S. 83), die Wahngebilde, sind das höchste Leid. Wer das in Wahrheit erkennt, der weiß: Nibbana ist das höchste Gut. Wer den Pfeil der Klage und Sorge sich herausgezogen hat, von nichts mehr abhängt und an nichts hängt, ist ein Erlöster (nibbuta).

Ein Text unterscheidet zwei verschiedene Zustände derer, die das Nirvana erreicht haben. Beide, der eine wie der andere, haben alle Übel abgelegt, die Pflicht er üllt, die Last der Skandha abgeworfen, das Heil erreicht. Aber der eine nimmt mit noch festen Sinnen Angenehm und Unangenehm, Freude und Leid wahr, während der andere keine Empfindungen mehr wahrnimmt und erkaltet, das heißt das substratlose Nirvana erreicht. Das ist kein Unterschied in bezug auf das Nirvana selbst, sondern in bezug auf den Heiligen. Das eine ist noch im Leben erreichbar; das andere tritt nach dem Tode ein, wenn die Skandha, die fünf Bestandteile des Körpers, zerfallen und der Erlöste allen Wahrnehmungen entrückt, ein vollkommen, endgültig Erlöster, ein parinibbuto ist.

Dieser Zustand, in dem der höchste und letzte Wunsch heiligen Strebens sich vollendet, der Mensch dem Bereich alles Erden- oder Himmelsdaseins entflieht, ist die irdische (sichtbare) Frucht des Lebens der Samana (Asket), größer und lieblicher als alle (sichtbaren) irdischen zuvor. „Noch eine andere sichtbare, die größer und lieblicher wäre als die zuvor, gibt es für das Leben des Samana nicht." Die Dichter nennen es das Unsterbliche, das jenseitige Ufer, die Insel inmitten der Flut, Zuflucht, Hafen der Rettung, Stätte der Seligkeit, den unerschütterlichen Ort, das ungeborene, unvergleichliche Heil; Buddha selbst gilt als Spender des Unsterblichen. Könnte man so von Nirvana reden, wenn es nichts weiter wäre als der Tod und der Tod das Ziel höchsten Strebens?

Es fällt auf, daß an mehreren Stel'en ganz positiv von einer „Stätte der Seligkeit" oder ähnlichem gesprochen wird. Im Udanavagga heißt es: „Es ist dies die Stätte, wo es nicht Erde, nicht Wasser, nicht Feuer, nicht Luft, nicht die Unendlichkeit des Raumes weder Wahrnehmung noch Nichtwahrnehmung gibt, kein Diesseits, kein Jenseits, nicht Sonne noch Mond. Ich nenne das, ihr Mönche, nicht Kommen, nicht Gehen, nicht Stehen, nicht Verfall, nicht Entstehen. Es ist ohne Stütze, ohne Geschehen, ohne Abhängigkeit. Das ist das Ende des Leidens." Und an anderer Stelle: „Es gibt, ihr Mönche, ein Ungeborenes, Ungewordenes, Ungeschaffenes, Ungestaltetes. Wenn es dieses Ungeborene, Ungewordene, Ungeschaffene, Ungestaltete nicht gäbe, würde für das Geborene, Gewordene, Geschaffene, Gestaltete kein Ausweg erkennbar sein. Da es aber, ihr Mönche, ein Ungeborenes, Ungewordenes, Ungeschaffenes, Ungestaltetes gibt, so ist für das Geborene, Gewordene, Geschaffene, Gestaltete ein Ausweg erkennbar."

Erinnern diese Sätze, besonders die der ersten Textstelle, wenn man vom „Ende des Leidens" absieht, nicht an Sätze der ältesten Upanischaden, die vom Ungehörten, Ungedachten, Unerkannten sprechen oder von dem großen ungeborenen Selbst, das alle Übel überwunden hat, das frei ist von Alter und Tod, frei von Furcht und unsterblich, oder von der Brahmastadt oder der Brahmastätte? Oder wenn der große Schüler Buddhas Sariputta den um ihn versammelten Mönchen erklärt, daß dieses Nirvana Wonne sei, und er auf die Frage: „Wie kann es in diesem Zustande eine Wonne geben, da es ja in ihm kein Empfinden gibt?", erwidert: „Das ist in diesem Zustande die Wonne, Freund, daß es kein Empfinden gibt" — erinnert das nicht an die Erklärung des weisen Yadschnavalkya in der ältesten Upanischad gegenüber seiner Gattin: „Nach dem Tode gibt es kein Bewußtsein"? Da sprach Maitreyi, die Frau: „Du hast, Ehrwürdiger, damit mich in tiefe Verwirrung gesetzt: ich verstehe nicht: nach dem Tode gibt es kein Bewußtsein?" — „Ich rede nicht verwirrend. Der Atman (Selbst), der fürwahr unvergänglich ist, unterliegt nicht dem Gesetze der Vernichtung. Wenn aber alles zum Atman geworden ist, womit und wen sollte er da sehen, womit und wen sollte er da riechen ... Womit sollte er den erkennen, durch den er alles erkennt?"

In jenen buddhistischen Worten schimmert etwas von den alten Vorstellungen der Zeit durch, wo der Vedanta entstand, und dies Etwas bildet einen stillschweigenden Hintergrund zu Buddhas Nirvanaidee, wenn er auch nur sich um das Leid der Welten und der Zeitalter kümmert und nur den

Weg aus diesem Leiden lehren will. Es ist nicht zu verkennen, daß der Gedanke des „unerschütterlichen Ortes" an Brahmans „unvergängliche Stätte" erinnert und von dort herübergenommen sein kann. Die Stimmen derer nehmen zu, die dem Nirvana mehr und mehr einen positiven, wenn auch nicht näher bezeichneten Inhalt geben wollen. Bei Oldenberg finden sich leise Andeutungen, und Heiler sagt im Anschluß an die erwähnte Stelle: „Und doch verrät ein leises Raunen der Heiligen Schriften etwas von dem Mysterium des Nirvana... Die weihevolle Stimmung, die über diesem (S. 73) und über ähnlichen Worten liegt, läßt uns unmittelbar fühlen, daß Nirvana ein mystisches summum bonum ist, ein Übersinnliches, ein „Heiliges", ein Göttliches, ein Absolutes — freilich nicht als Weltgrund, sondern als Erlösungsziel. Nirvana ist nicht ein bloßes „Erlöschen" und „Zunichtewerden", nicht ein Versinken im Abgrund des Nichts. Was alle religiösen Menschen hinter dem verhüllenden Schleier der Sinnenwelt suchten, ahnten und schauten, was alle Religionen in schwachen und unzureichenden Symbolen, Gleichnissen, Bildern, Begriffen auszudrücken suchten, dieses letzte, ewige Urgeheimnis, nichts anderes ist Nirvana."

Das geht freilich etwas weit, insofern es Buddhas Lehre etwas hinzufügt, was er nicht lehren wollte, sondern ganz dem Weltleid sich zuwendend auseinanderzusetzen unterließ. Und Beckh bemerkt in seiner eindringenden Arbeit, Buddha habe auch ein höchstes Göttliches oder Geistiges nicht geradezu geleugnet; es zu leugnen, lag ihm ebensofern als in positivem Sinn davon zu reden. Jenes höchste Göttlich-Geistige, von dem in anderen Religionen auf verschiedene Weise geredet wird, war für den Buddha Schweigen, ein Schweigen, das uns vieles sagen kann, das nicht rein negativ ist, sondern, wie Buddhas Schweigen ja vielfach, auch eine positive Seite hat.

Beabsichtigter Agnostizismus

Die Abneigung Buddhas, über Dinge zu sprechen und Fragen zu beantworten, die abseits von dem verfolgten Ziel lagen, ist eben berührt worden.

Er war nicht Lehrer eines Systems; es lag ihm ferne, sich mit metaphysischen Spekulationen abzugeben oder seine Hörer mit dem zu befassen, was dem Denken unerreichbar schien. Sein Sinn war nur darauf gerichtet, seine Jünger freizumachen von der Unruhe des Herzens und ihnen den Seelenfrieden zu bringen. Er war kein Philosoph, wenigstens kein systematischer Philosoph, vielfach auch abhängig von dem, was tiefere Denker vor ihm gelehrt und erdacht hatten. Man ist versucht, ihn einen großen Seelsorger, einen Führer der Herzen zu nennen. Auch wir wissen, daß jemand ein großer Theologe und doch ein schlechter Seelsorger, ein anderer ein großer Seelsorger und schlechter Theologe sein kann. Buddha, der die Metaphysik ablehnt, spottet über die Zänkereien der wandernden Asketen. Sie seien den Blinden vergleichbar, die sich um das Aussehen eines Elefanten streiten, von dem man dem einen den

Kopf, dem anderen das Ohr, dem dritten den Rüssel gezeigt habe, und nachher befragt, wie denn ein Elefant aussehe, schreiend erklären: „So ist er nicht — so ist er nicht" und am Ende darüber noch handgemein werden. So erkennen auch die Mönche verschiedener Sekten nicht die Wahrheit, nicht die Unwahrheit, nicht die Irrlehre. In Unkenntnis über Wahrheit, Unwahrheit, Lehre, Irrlehre, hadern, streiten, zanken sie miteinander, verletzen einander beständig mit Wortgeschossen: „Das ist die Lehre, das ist nicht die Lehre, das ist nicht die Lehre, das ist die Lehre." An so etwas hängen sich Asketen und Brahmanen; sie sehen nur die eine Seite der Dinge, sie zanken und streiten.

Einst erhob sich der ehrwürdige Sariputta zur Abendzeit, begab sich zum ehrwürdigen Mahakassapa und sprach: „Wie ist das, Freund Kassapa, ist der Vollendete jenseits des Todes?" — „Freund, es ist vom Erhabenen nicht enthüllt worden, ob der Vollendete jenseits des Todes ist." — „Wie denn, ist der Vollendete jenseits des Todes nicht?" — „Auch dies, Freund, ist vom Erhabenen nicht enthüllt worden, ob der Vollendete jenseits des Todes nicht ist." — „Wie nun, Freund, ist und ist auch nicht der Vollendete jenseits des Todes?" — „Es ist vom Erhabenen nicht enthüllt worden, ob der Vollendete jenseits des Todes ist und auch nicht ist." — „Wie denn, Freund, ist der Vollendete weder jenseits des Todes noch ist er nicht?" — „Auch das ist vom Erhabenen nicht enthüllt worden, ob der Vollendete jenseits des Todes nicht ist und nicht nicht ist." — „Warum, Freund, ist das vom Erhabenen nicht enthüllt worden?" — „Weil dies, Freund, nicht zweckdienlich ist, weil es zu einem wahrhaft heiligen Leben nicht gehört, nicht zur Weltabkehr, Leidenschaftslosigkeit, Unterdrückung, Beruhigung, zu höherem Wissen, zur Erleuchtung, zu Nirvana führt. Aus diesem Grunde ist das vom Erhabenen nicht enthüllt worden." — „Und was ist nun eigentlich, Freund, vom Erhabenen enthüllt worden?" — „Das ist das Leiden, Freund; das ist vom Erhabenen enthüllt worden. Das ist die Entstehung des Leidens; das ist vom Erhabenen enthüllt worden. Das ist die Aufhebung des Leidens; das ist vom Erhabenen enthüllt worden. Der Weg zur Aufhebung des Leidens, das ist vom Erhabenen enthüllt worden." — „Und weshalb ist das vom Erhabenen enthüllt worden?" — „Weil das zweckdienlich ist, weil es ein wahrhaft heiliges Leben begründet, zur Weltabkehr, Leidenschaftslosigkeit, Beruhigung, zu höherem Wissen, zur Erleuchtung, zu Nibbana führt. Aus diesem Grunde ist das vom Erhabenen enthüllt worden."

Die Erzählung kehrt in einem anderen Gespräch wieder, mit Malunkyaputta, der zu Buddha in der Hoffnung kam, eine Antwort auf die ihm wichtigst erscheinenden Fragen zu erhalten, die der Erhabene unerklärt beiseite gelassen, zurückgewiesen habe. „Ist die Welt ewig, oder ist sie nicht ewig — ist die Welt begrenzt, oder ist sie nicht begrenzt — ist Seele und Körper dasselbe, oder ist die Seele etwas anderes und der Körper etwas anderes — ist ein Vollendeter nach dem Tode, oder ist er nicht nach dem Tode; ist der Vollendete nach dem Tode und ist er nicht?" und so weiter. Wenn der Erhabene es ihm nicht erkläre, so wolle er das Lernen aufgeben und sich einer anderen Beschäftigung zuwenden. Wenn jemand etwas nicht wisse und verstehe, dann sei es richtig zu sagen: „Das weiß ich nicht; das verstehe ich nicht." Buddha lehnt die Antwort mit der Gegenfrage ab: „Habe ich dir gesagt: ‚Komm, Malunkyaputta, führe den heiligen Wandel unter mir; ich will dir erklären, ob die Welt ewig ist oder nicht ewig ...'?" — „Nein, Herr." — „Hast du mir gesagt: ‚Ich will unter dem Erhabenen den heiligen Wandel führen; der Erhabene wird mir erklären, ob die Welt ewig ist oder nicht ewig ...'? Wenn jemand sagte: ‚Ich will so lange unter dem Erhabenen den heiligen Wandel führen, als er mir nicht erklärt, ob die Welt ewig ist oder nicht ewig ...', der Mann würde sterben, ehe ihm der Vollendete das erklärt hat. Wenn einen Menschen ein vergifteter Pfeil träfe und die Verwandten holten einen Arzt, so würde der Verwundete sterben, wenn er erst wissen wollte, ob der Übeltäter ein Kschatriya, Brahmane oder Vaischya gewesen sei, wie sein Name laute, ob er groß, klein, mittelgroß, schwarz, hellfarbig, woher er sei und so weiter. So sei es hier. Es stehe nicht so, daß allein bei der Lehre, ‚die Welt ist ewig' heiliger Wandel möglich wäre; es stehe auch nicht so, daß allein bei der Lehre, die Welt ist nicht ewig' heiliger Wandel möglich wäre. Mag die Lehre bestehen, ‚die Welt ist ewig', mag die Lehre bestehen, ‚die Welt ist nicht ewig': es bleibt die Geburt, es bleibt das Alter, es bleibt der Tod, es bleiben Kummer, Klage, Verzweiflung, Verstörung, deren Vernichtung ich schon bei Lebzeiten verkünde. (Dasselbe wiederholt sich bei allen anderen Fragen.) Darum, Malunkyaputta, betrachtet als unerklärt, was ich unerklärt gelassen habe, und als erklärt, was ich erklärt habe. Ich habe nicht erklärt, daß die Welt ewig sei, ich habe nicht erklärt, daß die Welt nicht ewig sei (usw.). Warum habe ich das unerklärt gelassen? Weil es nicht zweckdienlich ist, weil es ein wahrhaft heiliges Leben nicht begründet, nicht zu Weltabkehr, Leidenschaftslosigkeit, Unterdrückung, Beruhigung, sicherem Wissen, zur Erleuchtung führt. Darum ist es von mir nicht erklärt. Was ist von mir, Malunkyaputta, erklärt?: Das Leiden (usw.)."

Er belehrt auch den Pilger Vatscha über die Verkehrtheit solcher Fragen; die Ansichten seien ein Dickicht, ein Trugspiel, ein Wald, ein Wirrwarr, eine Fessel, die nicht zur Weltabkehr führen, und auf die Frage, ob er, Buddha, denn keine Theorie habe, erfolgt die Antwort: „Theorien, Vatscha, hat der Vollendete abgelegt. Denn der Vollendete hat das erkannt: so ist die körperliche Form[1], so ist die Entstehung, so die Vernichtung der körperlichen Form; so ist die Empfindung, so die Entstehung, so die Vernichtung der Empfindung (usw.). Darum sage ich: Der Vollendete ist erlöst und haftet nicht länger (an der Sinneswelt), weil er alle Illusionen, Wirrnisse, Neigungen zu einem ‚Ich‘, ‚Mein‘, zu Hochmut vernichtet, abgelegt, verhindert, aufgegeben, von sich gestoßen hat."

An anderer Stelle spricht Buddha von den Samana und Brahmanen, die über den Ursprung des Seins mit vielerlei Gründen streiten, über die Lehre von der Ewigkeit, vom Selbst; er aber lege auf dieses Wissen keinen Wert. In seinem Herzen wohne das Wissen von der Erlösung; nachdem er Entstehen und

---

[1] Siehe den Abschnitt „Seele", S. 85.

Vergehen der Empfindungen (usw.), ihre Süßigkeit und Bitterkeit und die Befreiung in Wahrheit erkannt habe, hafte der Vollendete nicht mehr an irdischen Dingen und sei erlöst. „Tief sind die Lehren, schwer zu durchschauen, schwer zu verstehen, friedevoll, vortrefflich, dem Zweifel nicht ausgesetzt, nur von den Klugen erkennbar. Um dieser Lehre willen, die der Vollendete erkannt und bewahrheitet hat, kann man ihn mit Recht preisen."

Wie in diesen Fällen wehrt Buddha in anderen den Versuch ab, Dinge, die nicht auf sein Ziel innerlicher Läuterung und Heiligung hinführen, zur Entscheidung oder Erörterung zu bringen. Das bedeutet seine Stärke und zugleich seine Schwäche; er versagt in den großen Fragen, die nun einmal der Menschen Geist und Herz bewegen, wenn sie auch nie eine sichere Antwort erhalten. Er nimmt einige Sinsapablätter in die Hand und weist auf die vielen anderen im Sinsapawalde. So sei auch das, was er erkannt und doch nicht verkündet habe, viel mehr als das, was er verkündet habe, und wiederum gibt er die Erklärung, daß das nicht zweckdienlich sei, nicht den heiligen Wandel fördere und nicht zu Nirvana führe. Auch die Nonne Khema, die erfahrene Jüngerin, weiß davon. Als der König von Kosala ihr begegnet und die Frage nach dem Sein oder Nichtsein des Vollendeten nach dem Tode vorlegt, antwortet sie mit dem Hinweis darauf, daß das der Erhabene nicht offenbart habe; wie man den unermeßlichen Ozean nicht ausschöpfen könne, so sei der Vollendete nach dem gewöhnlichen Maßstab der Körperlichkeit, Empfindung und so weiter nicht zu ermessen.

Die Kausalitätsreihe

Während der ersten Nachtwache nach der Erleuchtung sann Buddha dem Gesetz der Ursache und Wirkung in aufsteigender und absteigender Reihe nach. Die Entstehung des Leidens hatte er erklärt. Woher aber kommt die Gier, die tanha, die es verursacht? Die deren Ursprung erklärende Formel, die zu den schwierigsten Teilen der Lehre gehört und trotz vieler Bemühungen noch nicht ganz geklärt ist, wurzelt nach den von Garbe, Jacobi, Kern, Pischel gegebenen Beweisen in den Kreisen der alten Philosophenschulen und ist mit der Philosophie des Sankhya-Yoga eng verwandt. Sie lautet nach der letzten Übersetzung, die wir haben, und zwar von Oldenbergs Hand: „Aus dem Nichtwissen (avidya) entstehen die Gestaltungen (sankhara), aus den Gestaltungen entsteht Erkennen (vinnana) und aus dem Erkennen entsteht Name und Körperlichkeit (namarupa); aus Namen und Körperlichkeit entstehen die sechs Gebiete (salayatana), und aus den sechs Gebieten entsteht Berührung (phassa), aus Berührung Empfindung (vedana), aus Empfindung Durst (tanha), aus Durst Ergreifen (der Existenz, upadana), aus Ergreifen Werden (bhava), aus Werden Geburt (jati), aus Geburt entsteht Alter und Tod, Schmerz und Klagen, Leid, Kümmernis und Verzweiflung. Dies ist die Entstehung des ganzen Reiches des Leidens. Wird aber das Nichtwissen aufgehoben unter restloser Vernichtung des Begehrens, so bewirkt dies die Aufhebung der Gestaltungen; durch Aufhebung

der Gestaltungen wird das Erkennen aufgehoben"
und so fort. An der Spitze der Reihe steht also die avidya
(Nichtwissen), wie im Vedanta, im Sankhya-Yoga,
nur in diesen in verschiedener Bedeutung. Denn im
Sankhya-Yoga bedeutet das Nichtwissen die Unkenntnis der Seelen von ihrer völligen Verschiedenheit von
der Materie, im Vedanta die Unkenntnis der völligen
Identität des Ich mit dem Brahman, hier aber im
Buddhismus die Unkenntnis der vier Wahrheiten.
Die Zweifel beginnen bei der Erklärung des zweiten
Gliedes sankhara, über dessen Bedeutung erhebliche
Meinungsverschiedenheit herrscht[1]. Es scheint mir

[1] Ich verzeichne einige Ansichten, ohne Vollständigkeit zu erstreben. Beckh: „Die Bildekräfte im Unterbewußtsein, durch die das Gewebe des Karma gesponnen und durch die verschiedenen übersinnlichen Zwischenglieder der Ursachenreihe hindurch zuletzt die sinnliche Daseinsform, das Haus des Leidens, gezimmert wird." — Deussen: „Strebungen, also willensartige Potenzen." — O. Franke: „Das psychische Hervorbringen der Anschauungs-, Auffassungsformen, d. h. Vorstellungen, durch den Geist des ‚Nichtwissenden' (d. h. über das Wesen der Dinge Unaufgeklärten) resp. auch die vorgestellten (und auch nur in der Vorstellung existierenden) Dinge selbst ... Sankhara ist und bleibt eine dingschaffende Geistesfunktion." — Grimm: „Prozeß, Tätigkeit, Vorgang, Geschehnis." — H. Jacobi: „Die samskara oder vasana, d. h. die latenten Eindrücke, die ihr von früheren Handlungen, karman, zurückgelassen sind." — Leumann: „Dispositionen." — Oldenberg: „Es muß hier ein Gestalten irgendwelcher Art gemeint sein, das sich im Bereich des leiblich-geistigen persönlichen Wesens vollzieht ... daß das Nichtwissen, welches einem Wesen anhaftet, in ihm Tendenzen erzeugt, aus denen sich in einer neuen Geburt des betreffenden Wesens eine ihnen entsprechende Gestalt des ‚Erkennens' ... entwickelt." — Pischel: „Die Sankhara sind das, was von früheren Geburten im Geiste latent zurückgeblieben ist und sich bei gegebener Veranlassung im Geiste entwickelt und zu neuen Taten führt... Sie sind die latenten Eindrücke, die Prädispositionen, die die Möglichkeit zu guten und schlechten Taten geben ... gleichsam die Bazillen, die sich unter bestimmten, für sie günstigen Bedingungen entwickeln." — Walleser: „Immerhin deutet die Stellung der Sankhara ... auf die Berechtigung unserer Identifizierung derselben mit dem Karma hin." — Warren hat dann auch allemal Sankhara als zweites Glied ... durch Karma übersetzt. — Weiteres in Paul Oltramare „La formule bouddhique", Genf 1909, S. 20ff.

unmöglich, hier kritisch Stellung zu nehmen und etwas anderes als meine eigene Ansicht zu entwickeln. Die Schwierigkeit dürfte darin liegen, daß der Begriff des Karman einbezogen werden soll. Deussen hat (Geschichte der Philosophie III, S. 168) mit Recht bemerkt, daß er sich nur künstlich hier einflechten lasse, und es vielleicht vorzuziehen sei, verschiedene Strömungen in der Buddhagemeinde anzunehmen. Es ist kaum einzusehen, warum, wenn das Karman hier gemeint wäre, das nicht ausdrücklich ausgesprochen werden sollte. Ich sehe als Produkt des Nichtwissens „Wahngebilde" oder „Vorspiegelungen" („Zurechtmachungen" bedeutet das Wort eigentlich) an, Wahngebilde, gute und böse, als da sind der Wunsch, bei einer Wiedergeburt einem höheren Lebenskreise anzugehören, Reichtümer anzusammeln, das „Ichbewußtsein" (Glauben an ein Ich), „Glauben an die Wirklichkeit der Welt" und so weiter. Karman kann nur indirekt gemeint sein, insofern die falschen Vorstellungen die Früchte des früheren Karman sind. Aber es ist nicht gesagt. Aus diesen Vorspiegelungen geht das vinnana hervor, wiederum verschieden, meist mit „Erkennen" oder „Bewußtsein" übersetzt. Ich glaube nicht, daß Erkennen, das doch auf richtiges Urteilen hinauskommt, hier die Übersetzung des mehrdeutigen Wortes sein kann, sondern daß aus der Reihe der durch Sankhara bezeichneten Illusionen sich das Ichbewußtsein heraushebt, um zu Name und Körperlichkeit zu führen, daß die Anlehnung an die Sankhyaterminologie (buddhi) in diesem Fall nicht richtig ist. Trägt man „Ichbewußtsein" ein, so scheint die

Schwierigkeit überwunden. Das „Ich" umkleidet sich mit Körperlichkeit und Name, woraus die „sechs" Organe (Oldenberg: Gebiete) d. i. die fünf Sinne mit dem Manas (Geist) sich entwickeln, die mit den Objekten in Berührung treten. Hieraus entsteht die Empfindung, weiter die Gier, das Haften an der Existenz, der Kreislauf (oder Wiedergeburt) mit allen seinen Folgen. Wir erhalten dann eine glatt sich entwickelnde Reihe. Ich stimme im übrigen Paul Oltramare bei, wenn er auf Seite 31 seiner „formule bouddhique" sagt: „Es handelt sich für Buddha nicht darum, eine Theorie des Universums oder des Lebens aufzustellen, sondern zu zeigen, daß der Mensch weder den Anfang seines moralischen Elends noch das Mittel, sich davon zu befreien, außerhalb seines Selbst suchen solle. So unzureichend die Formel der 12 Nidana sein mag, sie erreicht doch, scheint es, den rein praktischen Zweck, den ihr Urheber beabsichtigte."

Die Seele

Hat Buddha das Vorhandensein einer Seele angenommen? Sicher nicht, insofern wir voraussetzen, wie die Sankhyaphilosophie lehrt, daß es eine ewige unwandelbare, vom Körper unabhängige Seele gebe, die stets von Geburt zu Geburt eilt, von einem Dasein zum anderen weiterlebt.

Es gibt eine berühmt gewordene Unterredung zwischen dem König Milinda (Menander) und dem buddhistischen Weisen Nagasena in dem „Milandapanha", der den Zweck hat, Zweifel an der Lehre Buddhas in den Hauptpunkten zu widerlegen oder aufzuklären. Menander herrschte im 2. Jahrhundert v. Chr. über Sakala in Baktrien und ist der einzige baktrische König, der in Indien eine Erinnerung hinterlassen hat. Das um den Beginn der christlichen Zeitrechnung entstandene Werk ist eines der berühmtesten der indischen Literatur. Es wurde aus dem Sanskrit oder einem Mischdialekt ins Pali übersetzt, gelangte nach Siam und Birma, wurde ins Singhalesische übertragen und kam in längerer oder kürzerer Fassung auch nach Korea und China.

Der König sprach[1] zu dem ehrwürdigen Nagasena: „Wie nennt man dich, Ehrwürdiger? Welches ist dein Name?" — „Ich heiße Nagasena, Großkönig; meine geistlichen Brüder nennen mich Nagasena. Ob die Eltern nun den Namen Nagasena, Surasena geben: Nagasena ist nur eine Bezeichnung, nur ein bloßer Name; eine Person (Subjekt) nimmt man nicht wahr."

„Wenn sich ein besonderes Wesen nicht findet, wer gibt euch Kleidung und Speise, Lager und Sitz und Heilmittel für die Kranken? Wer genießt sie, wer ist's, der seine Sitte wahrt, wer vertieft sich in die Meditation, wer verwirklicht den Pfad, den Lohn, das Nibbana ... So gibt es nichts Gutes, nichts Böses, keinen Täter guter oder böser Dinge, keinen Urheber, nicht Frucht und Lohn für gute und böse Tat. Wenn man dich Nagasena nennt, was ist da Nagasena? Sind die Kopfhaare Nagasena?" — „Nein, Herr!" — „Körperhaare, Nägel, Zähne, Haut, Fleisch

---

[1] Die Unterredung ist wegen ihrer Länge abgekürzt.

(usw.)?" — Auf alles antwortet Nagasena mit Nein. — „Wo immer ich frage, ich sehe keinen Nagasena; ein bloßes Wort, Herr, ist Nagasena. Wer ist hier Nagasena? Unwahrheit sagst du und Lüge! Es gibt keinen Nagasena."

Darauf Nagasena: „Bist du zu Fuß gekommen oder zu Wagen?" — „Nicht gehe ich zu Fuß, Herr, ich bin zu Wagen gekommen." — „Wenn du zu Wagen gekommen bist, erkläre mir den Wagen. Ist die Deichsel der Wagen? die Achse? die Räder? der Wagenkasten? der Flaggenstock? das Joch?" und so weiter. Der König erwidert stets mit „Nein". Darauf Nagasena: „Wo immer ich frage, Großkönig, ich sehe keinen Wagen. Ein bloßes Wort ist der Wagen? Großkönig, Unwahrheit sprichst du und Lüge: es gibt keinen Wagen."

„Ich spreche keine Lüge. Das Wort ‚Wagen' ist nur eine Benennung, eine Bezeichnung, nur ein bloßer Name für Deichsel, Achse, Räder (usw.)"

„Genau so in bezug auf mich! Nagasena ist nur eine Benennung, eine Bezeichnung, ein bloßer Name für Kopfhaar, Körperhaar und so weiter. Aber in Wirklichkeit gibt es kein besonderes Wesen; (ein Ich) nimmt man hier nicht wahr."

Mit anderen Worten: wie die verschiedenen Teile des Wagens vereint den Wagen bilden, so bilden die fünf Skandha, aus denen sich jedes Wesen zusammensetzt, vereint das Individuum, die einzelne Existenz. Daß die Nonne Vadschira begeistert zustimmt und ihr schon im Kanon der von ihr gesagte Vers zugeschrieben wird, beweist zwar, daß in buddhistischen Kreisen ihrer Zeit Nagasenas Anschauungen bereits vorhanden, aber noch nicht, daß sie Buddhas eigene Meinung waren, dessen Zurückhaltung in bezug auf alle nicht zu seiner Lehre gehörigen Fragen doch eben bemerkenswert ist. Einst kommt der Pilger Vatschagotta zum Erhabenen, und unter anderen Fragen stellt er die nach dem „Ich". „Wie steht es, Herr Gotama; ist das Ich?" Der Erhabene schwieg. „Wie aber: ist das Ich nicht?" Der Erhabene schwieg wieder. Da erhob sich der Wandermönch von seinem Sitz und ging von dannen. Als er nicht lange fortgegangen war, sprach Ananda zum Heiligen: „Warum hat der Heilige die Frage des Wandermönches nicht beantwortet?" — „Hätte ich die Frage des Wandermönches Vatschagotta mit ‚Das Ich ist' beantwortet, so würde das die Lehre aller Samana und Brahmanen von der Ewigkeit der Welt bestätigt haben. Hätte ich geantwortet: ‚Das Ich ist nicht', so würde das die Lehre etlicher Samana und Brahmanen von der Vergänglichkeit der Welt bestätigt haben. Hätte ich geantwortet: ‚Das Ich ist', wäre das wohl geeignet gewesen, ihn die Erkenntnis gewinnen zu lassen. Alle Elemente sind nicht das Ich?' Hätte ich geantwortet: ‚Das Ich ist nicht', so hätte das noch mehr zur Verwirrung des verwirrten Vatschagotta beigetragen: ‚Früher war gewiß mein Ich; das ist jetzt nicht'."

Das ist ein Widerspruch zu der sicheren Antwort Nagasenas. Diese entspricht der allgemeinen Lehre, nach der die Person eines Menschen sich aus den Gruppen von fünf Elementen (Skandha) zusammensetzt: Körperlichkeit, Empfindungen, Wahrnehmung, Sankhara und Vinnana, von denen keines das Selbst ist, von denen ein jedes dem Gesetz beständiger Veränderung unterworfen ist. „Wäre die Körperlichkeit das Selbst", heißt es an einer Stelle, „so wäre der Körper der Krankheit nicht ausgesetzt, und man könnte von seinem Körper sagen: ‚So soll mein Körper sein; so soll mein Körper nicht sein.' Weil der Körper das Nichtselbst (Nicht-Ich) ist, so ist der Körper der Krankheit ausgesetzt; darum kann man vom Körper nicht sagen: ‚So soll mein Körper sein; so soll mein Körper nicht sein'." Dieselbe Begründung wiederholt sich in bezug auf alle vier anderen Gruppen und wendet sich dann der Lehre der Unbeständigkeit aller Dinge zu: „Ist der Körper beständig oder nicht?" — „Unbeständig, Herr!" — „Was aber unbeständig ist, ist das Leid oder Freude?" — „Leid, Herr!" — „Was aber unbeständig, leidvoll, veränderlich ist, kann man das ansehen als ‚Das ist mein, das bin ich, das ist mein Ich?" — „Nein, Herr!" — Dasselbe wiederholt sich bei den anderen Skandha und schließt mit der Belehrung: „Darum empfindet ein edler Jünger, der das durchschaut und die rechte Unterweisung empfangen hat, Überdruß am Körper, an Empfindung, Wahrnehmung, Sankhara und Vinnana. Indem er in dieser Weise Überdruß empfindet, wird er von Leidenschaft frei und durch Befreiung von Leidenschaft erlöst. In dem Erlösen entsteht die Gewißheit: ich bin erlöst; vollendet ist der heilige Wandel, die Pflicht ist getan, es gibt keine Rückkehr mehr zu dieser Welt." Ebenso oder ähnlich wird an anderen Stellen die Vergänglichkeit aller dieser Skandha zur Sprache gebracht[1] und die Möglichkeit abgelehnt,

---

[1] Er hebt ein bißchen Erde mit der Fingerspitze auf und bemerkt, auch ein so kleiner Körper sei nicht beständig, dauerhaft, unveränderlich,

daß einer von ihnen das Ich sei. In sehr bestimmter Weise lautet die gegen die Annahme eines Ich gerichtete Stelle in der mittleren Sammlung: „Wenn es ein Ich gäbe, würde es dann ‚Mein‘ geben?" — „Sicherlich, Herr." — „Oder wenn es ein ‚Mein‘ gäbe, würde es ein ‚Ich‘ geben?" — „Sicherlich, Herr." — „Da man nun ein ‚Ich‘ und ‚Mein‘ wirklich und wahrhaftig nicht antrifft, ist da die Lehre: ‚Das ist die Welt, das ist das Ich, das werde ich nach meinem Tode sein; beständig, fest, ewig, unwandelbar, immer gleich werde ich bleiben‘, ist das nicht eine einzige, vollkommene Kindlichkeit?"

In einem anderen Gespräch unterscheidet Buddha drei Arten des Selbst oder Glaubens an ein Selbst: das materielle, das immaterielle (geistige), das gestaltlose (aus Bewußtsein bestehende) als in der Welt gebräuchliche Bezeichnungen, die er auch anwende, ohne sie zu schätzen. Von ihnen allen drei zu erlösen, verkünde er seine Lehre. Wenn man noch die von Franke beigebrachten Stellen hinzunimmt, so würde man in der Tat glauben müssen, daß der Buddhismus eine Seele nicht anerkenne.

Es bleibt aber kein Zweifel, daß er uns damit vor ein ungelöstes Rätsel hinstellt, sofern wir nicht verschiedene Schichtungen innerhalb mehrerer Jahrhunderte annehmen, die sich in der einen oder anderen Richtung von Buddha fortbewegten. Dessen

---

werde sich also nicht ewig gleichbleiben. Wenn selbst ein so kleiner Körper beständig, dauerhaft usw. wäre, so wäre auch ein heiliger Wandel zur vollständigen Vernichtung des Leidens nicht erkennbar. Da aber auch ein so kleiner Körper nicht beständig, dauerhaft usw. sei, so ist auch ein heiliger Wandel zur vollständigen Vernichtung des Leidens erkennbar.

Abneigung äußerte sich doch dahin, daß er rein spekulative Fragen nicht berührte und sich auf das Diesseits beschränkte, das Himmel und Hölle, alle Welten mit ihren Wesen, Menschen wie Göttern, umfaßte. Die Karmanidee mit der von ihr verwirklichten Gerechtigkeit verlöre damit ihren sittlichen Inhalt, denn bei dem Fehlen jeder Kontinuität entstünde hier im Gegensatz zu den anderen Lehren durch eine neue Zusammenseztung der Skandha ein ganz neues Individuum, das ohne Verdienst oder Schuld die Werke einer früheren, gänzlich verschiedenen Person zu genießen oder abzubüßen hat. Die in den Fragen des Milinda angeführten Vergleiche sind nur Scheinähnlichkeiten, die die Schwierigkeiten umgehen oder verhüllen, wie nicht ausgeführt zu werden braucht. Erläuternd wird gesagt, daß dasselbe Wesen als zartes Knäblein, als Kind, als Erwachsener weder dasselbe noch ein verschiedenes sei, daß aber durch einen und denselben Körper all diese zu einer Einheit zusammengefaßt wurden. Oder eine Lampe sei in der ersten Nachtwache dieselbe wie in der zweiten und auch wieder nicht; aber durch Verbindung mit der ersten Flamme brenne die Flamme die ganze Nacht[1].

Mit Recht sagt Winternitz, ,,diese Grundlehre des Buddhismus, daß es kein Ich, keine Seele gebe, sondern nur einen beständigen Wechsel von psychischen und physischen Erscheinungen, läßt sich nur schwer

---

[1] Köppen hat das Los der in einem Schicksal, einer Vergeltung aufeinanderfolgenden Wesen dem Verhältnis im historischen Leben der Völker verglichen, wo die Geschlechter einander ablösen und das jedesmal letzte die Sünden aller früheren trägt, aber auch deren Errungenschaften genießt. Es seien zwei Ichheiten, aber sie haben nur ein Schicksal und eine Vergeltung. Auch dieser Vergleich überwindet die Schwierigkeiten nicht.

mit dem Glauben an einen Kreislauf von Wiedergeburten, wie ihn auch Buddha annahm, und noch schwerer mit der für die gesamte Ethik des Buddhismus so wichtigen Lehre von den Folgen der Tat, der Karmanlehre, vereinigen." Wenn alles, was entsteht, vergeht, muß konsequenterweise auch das Karman, das doch entstanden ist, vergehen. Und Walleser sagt — bezüglich der von Buddha bestrittenen Ansicht, daß die Seele, ohne mit der Empfindung identisch zu sein, Empfindung und die Fähigkeit des Empfindens an sich habe —, daß sie diejenige sei, die Buddha nicht hinreichend widerlegt zu haben scheine, und die zugleich den wunden Punkt einer metaphysiklosen Weltanschauung erkennen lasse: „Denn der Mangel eines Absoluten bedeutet für eine Philosophie zugleich auch den Mangel einer Metaphysik."

Nach meiner Ansicht findet sich hier eine Lücke in bezug auf unser Verständnis der buddhistischen Lehre. Buddha wendet sich gegen die Seele, die der Unwissende in den Skandha oder in einer von ihnen befindlich glaubt, und läßt die metaphysische Seite der Frage wie andere auf sich beruhen. Manche Erörterungen, wie die des ehrwürdigen Kumarakassapa gegenüber dem ungläubigen Fürsten Payasi oder Yamakas (der der Meinung war, daß ein Mönch, in dem die Übel erloschen sind, nach der Auflösung des Körpers vernichtet wird und nach dem Tode nicht mehr ist) mit Sariputta geben doch zu mancherlei Erwägung Anlaß.

In die Lücke sind später die Philosophen ganz verschiedener Richtung und Theorienbildung eingetreten und haben sie mit Konstruktionen ausgefüllt[1]. Während die einen positivere Grundsätze verfolgten, leugneten andere, daß hinter der Erscheinung etwas Positives liege, und kamen, wie Nagardschuna, einer der ersten Vertreter des „Großen Fahrzeuges" (2. Jahrhundert n. Chr.), zur Idee des Nichts, nicht ohne auf Widerspruch der Späteren zu stoßen. Der Weg, den die natürliche, von der Theorie unbeeinflußte und nicht beeinflußbare Praxis der Religion einschlug, war wesentlich anders. Während Buddha eine Seele im gewöhnlichen Sinne des Wortes nicht anerkennt, werden in Mahayana, dem „Großen Fahrzeug" des Nordens, „die Seelen der Frommen in Kelchen von Lotusblumen im Paradiese Sukhavati geboren, steigen nach Ablauf einer durch ihre guten Taten bedingten Zeit empor und hören, auf deren Blättern ruhend, wie das Gesetz von Vögeln auf schön belaubten Bäumen vorgesungen oder von Amitabha, dem von unermeßlichem Licht umstrahlten Wesen und Abglanz des irdischen Buddha, verkündet wird."

Buddhas Person und Lehrweise

Der Erfolg der buddhistischen Lehre wäre nicht möglich gewesen, wenn hinter ihr nicht eine Persönlichkeit gestanden hätte, die alle anderen Zeitgenossen überragte und durch große Eigenschaften für sie werbend auftrat. Gewiß mag der Schimmer eines

---

[1] Eine gute Übersicht von de la Vallée Poussin in der „Encyclopaedia of religions and Ethics", IX, 844.

hohen und reichen Hauses auf den Weg des einsamen
Mönches gefallen sein, der ein glänzendes Heim verließ, um ein entsagungsvoller Pilgrim zu werden;
aber das würde nicht auf die Dauer seinen Ruhm
und seine Anziehungskraft gesichert haben, wenn die
Gaben eines Auserwählten ihn nicht zum seelischen
Führer bestimmt hätten. Ihm gegenüber versagte
die Gelehrsamkeit berühmter Brahmanen, die ihm
disputierend nahten, und wich der höheren Macht
der Persönlichkeit und der Kunst des Beweises. Wir
gewinnen einen Eindruck aus der Beschreibung eines
Brahmanen, Sonadanda mit Namen, dessen hohe Abkunft, Gelehrsamkeit und Lehrergabe Schüler aus
allen Ländern an sich fesselte. Er sah einst Scharen
von Bürgern der Stadt Tschampa hinaus zum Gag-
garateiche ziehen, wo Buddha mit einer großen Anzahl von Mönchen Aufenthalt genommen hatte. Viele
Brahmanen aus verschiedenen Ländern waren zu
gleicher Zeit dort versammelt; sie wollen Sonadanda
mit Rücksicht auf sein eigenes großes Ansehen hin-
dern, zu Gotama zu gehen. Aber er verkündet ihnen
dessen hohes Lob, rühmt seine Entsagung, vermöge
deren er, dem Willen der Eltern entgegen, Reichtum,
Rang und Annehmlichkeit des Lebens aufgegeben
und das gelbe Gewand angelegt habe, seine Sitten
und strenge Zucht. Er sei schön, vertrauenerweckend,
wohl anzusehen, ausgestattet mit den Vorzügen eines
Arhat, edel und tugendhaft. Er spreche gut; seine
Sprache sei wohlklingend, gewählt, klar, weich und
deutlich. Zahlreiche Leute kämen zu ihm von allen
Seiten, um ihn zu fragen; er sei der anerkannte
Leiter eines Ordens, einer Schule, das anerkannte

Oberhaupt aller Sektengründer. Während manche Brahmanen und Asketen ihr Ansehen durch allerhand Äußerlichkeiten gewonnen hätten, komme das seine von seiner Vollkommenheit in Lebensführung und Gerechtigkeit.

Es ist sehr merkwürdig und spricht für die feine Zucht der damaligen Zeit, daß Sonadanda Buddhas feine Sprache und Sprechweise hervorhebt. Sie war ein geschätztes Gut der indischen Bildung. Das Epos Ramayana rühmt an manchem seiner Helden den Wohlklang seiner Stimme und die Geschmeidigkeit seiner Rede. Der Vortrag von Texten wurde belebt durch die Modulation der Stimme. Beckh hat darauf aufmerksam gemacht, daß das praktische Element, die Wirkung durch Poesie und Rhythmus, bei Buddha überhaupt nicht übersehen werden dürfe. Sie zeige sich nicht nur in dem gelegentlichen Einfließenlassen wirklicher Gedichtstrophen, sondern in seiner ganzen Redeweise, in allem, was Buddha gesprochen hat. Die Wirkung der Rhythmen mit ihrem „ganz eigenartigen Fluß" komme zum Ausdruck in der großangelegten Periodik der längeren Lehrvorträge wie auch im kleinen in einzelnen Sätzen und Wendungen.

Für unser Empfinden ist die Art seiner Rede zunächst ungewöhnlich. In langsamen Windungen geht sie vorwärts; kaum merklich steigt der Weg bergan. Das Thema wird von allen Seiten beleuchtet und immer ein neues Wort, das weiter führt, hinzugefügt. Wir dürfen nicht vergessen, daß die Reden weder aufgeschrieben waren noch nachgeschrieben wurden, sondern sich vom Gedächtnis des Redenden an das der Zuhörer wandte und bei dieser Methode sich leichter einprägen mochte. Wir kennen diese Methode bis zu einem gewissen Grade schon aus den Upanischaden, deren Lehrer das Vorbild für die späteren Zeiten gegeben haben. Das langsame Vorrücken des, ich möchte sagen, geistigen Sekundenzeigers, der jeden Fortschritt der Rede festlegte, erleichterte den Hörern das Erfassen und Einprägen von Inhalt und Wortlaut, bedingte aber auch die endlosen Wiederholungen, die wir, an Druck und Ökonomie der Zeit gewöhnt, als lästig empfinden. Kein Übersetzer wird sie wiedergeben, aber in der melodischen indischen Weise vorgetragen, müssen die Worte sich in das Ohr des Hörers geschmeichelt haben.

Buddha hat anders gesprochen in seinen Lehrvorträgen, anders mit seinen Jüngern in behaglicher Unterredung, von deren Ton und Humor die Geburtslegenden ein vielfaches, lebendiges Bild geben. Er versteht in sachlicher Widerlegung durch geeignete Fragen den Gegner immer enger einzuschnüren, bis er sich für überwunden hält, oder bedient sich der Ironie, die gelegentlich auch die Äußerlichkeiten trifft. In der früher angeführten Unterredung mit dem kastenstolzen jungen Ambattha tauscht dieser die üblichen Höflichkeiten mit Buddha und steht oder läuft dabei umher, während Buddha sitzt. „Ambattha," sagt er zu ihm, „sprichst du so mit allen Brahmanen, mit ehrwürdigen Lehrers-Lehrern, daß du stehend oder umhergehend, während ich sitze, Höflichkeiten austauschst?" — „Mein verehrter Gotama, es schickt sich, daß man mit einem Brahmanen während seines Gehens sich gehend unterhält, stehend, während er steht, sitzend, während er sitzt, liegend, während er liegt; aber die kahlgeschorenen Asketen, die niedrigen, unreinen Söhne unserer Füße, mit denen spricht man wie mit dem Herrn Gotama." Die grobe Antwort gibt den Jüngling Buddha in die Hand, der ihn dann bloßstellt und in lange, sokratisch geführte Unterredung verstrickt. Buddhas Rede ist reich an Bildern und Gleichnissen und folgt hierin dem Brauch der alten indischen Dichter, die von den Veden an bis in die späte Zeit in Poesie wie Prosa Vergleiche mit einem Reichtum der Erfindung verwenden, dessen wir uns nicht erfreuen. Buddha war nicht nur ein großer Religiöser, sondern seiner Empfindung nach ein Dichter, der seine Reden reich mit Bildern zu schmücken verstand. Die Seelenwanderung ist ein Ozean; seine ruhelosen Wogen sind die Geburten, die Schäume ihrer Kämme die vergänglichen Körper, das andere Ufer das Nirvana. Die Gier ist eine Schlingpflanze, die an dem Salbaum emporkriecht und ihren Nährvater tötet. Die Ruhe des Gemütes vergleicht er mit einer inneren Meeresstille: „Schöpfe dies Boot aus, Mönch; wenn es ausgeschöpft ist, wird es leicht dahinsegeln. So wirst du, wenn Leidenschaft und Haß vernichtet ist, zum Nirvana gehen." Für den, der die Wunschlosigkeit erlangt hat, fließt der ausgetrocknete Strom nicht mehr, rollt das zerbrochene Rad nicht weiter. Wie ein friedliche Sicherheit gewährendes Dorf, das man nach langer Wanderung durch wilde Gegenden, wo Hunger und andere Gefahren drohten, erreicht, so erscheint dem Mönch die Befreiung von den fünf Hemmnissen. Er vergleicht das aus der Konzentration dem Mönch erwachsende Glück mit einem Teich, den nichts anderes als ein in ihm selbst quellender Wasserstrom durchflutet, so daß kein noch so kleiner Winkel des Teiches vom kühlen Wasser undurchdrungen bleibt. Über die lautlos dasitzende Schar der Mönche blickt der König wie über einen Wasserspiegel. Die Texte sprechen von der „Wurzel der Trübsal", dem „Stachel der sinnlichen Lust"; die Welt ist „ein brennendes Feuer". Ein unerschütterliches Gemüt gleicht einem Felsen. Wer den aufsteigenden Zorn in sich unterdrückt, wie mittels der Medizin das sich verteilende Gift einer Schlange, der verläßt das diesseitige Ufer, wie eine Schlange ihre alte Haut verläßt. Ein Baum, wenn auch umgehauen, wächst immer wieder, solange seine Wurzeln gesund sind; solange kehrt das Leid wieder, wenn die Unterlage der Gier nicht getilgt ist. Einer, der sich selbst nicht belehrt und doch andere unterweist, gleicht einem Mann, der des Nachbars Feld jätet und sein eigenes vernachlässigt, und so fort.

Von einer den religiösen Inhalt des Buddhismus überschreitenden und in die vergleichende Märchenforschung eingreifenden Bedeutung sind die Fabeln und Märchen, die Buddha verwendet. Sie sind keineswegs immer buddhistischen Ursprungs oder Inhaltes, sondern aus einer Menge von volkstümlichen Erzählungen herausgehoben und für buddhistische Zwecke verwendet. Vor allem kommen hierbei die sogenannten Geburtslegenden oder Dschataka in Betracht, in denen Buddha an eine gerade im Kreise der Jünger besprochene Tagesbegebenheit anknüpft und eine ähnliche Geschichte erzählt, die er in einer seiner früheren Geburten als Bodhisattva erlebte. Wir dürfen annehmen, daß diese oft sehr humoristischen Geschichten und Schwänke der buddhistischen Lehre einen besonders volkstümlichen Zug gaben und sie auch in Volkskreisen beliebt machten. Rhys Davids erzählt, daß in Ceylon noch heute zur schönsten Jahreszeit die Bauern das Verlesen des ‚Wortes' als ihr großes religiöses Fest feiern und, beim Mondschein auf der Erde hockend, die ganze Nacht hindurch aufmerksam dem Vortrag der heiligen Texte lauschen. Besonders beliebt sei beim Vorlesen das Dschatakabuch, dessen Märchen die Landleute, die dazu ihre besten Kleider angezogen haben, mit Entzücken lauschen.

Für ihre Popularität zeugen auch die figürlichen Darstellungen, die eine erhebliche Anzahl auf den Reliefen des Stupa von Bharhut aus dem 3. Jahrhundert v. Chr. gefunden und uns als Szenen fröhlichen Volkslebens im buddhistischen Altertum hinterlassen ist. Manche von ihnen haben weite Verbreitung nach Ost und West gefunden und mögen dem Buddhismus, auf dessen Wegen dieses Märchenbuch mitzog, ihre Verbreitung zum einen Teil verdanken. In alter Zeit waren nur die Verse fixiert; dem Gedächtnis und Geschick des Erzählers blieb es überlassen, dazu die Prosaerzählung zu ergänzen. Eine der kürzeren humoristischen Geschichten möge als Beispiel eingeschaltet sein.

Als Brahmadatta König von Benares war, rief man ein Fest aus. Auf den Klang der Trommel lief alles Volk der Stadt hin, das Fest zu feiern. Während dieser Zeit lebte eine Affenherde in des Königs Garten. Der Gärtner dachte: „In der Stadt ist das Fest ausgerufen. Ich will zu den Affen sagen: ‚Bewässert den Garten', und das Fest mitfeiern." Er ging zu dem Führer der Affen: „Lieber Affenführer, dieser Garten mit seinen Blüten, Früchten und frischen Trieben ist sehr nützlich für euch. Ihr verzehrt hier die Blüten, Früchte und frischen Triebe. In der Stadt ist ein Fest ausgerufen, und ich will es mitfeiern. Könntet ihr, während ich hingehe, den jungen Bäumen Wasser geben?" — „Gut, ich will Wasser geben." — „Aber seid vorsichtig!" Der Gärtner händigte ihnen also zum Bewässern die Wasserschläuche und Holztöpfe aus und ging; die Affen nahmen sie und bewässerten. Da sagte zu ihnen der Führer: „Gebt auf das Wasser acht! Wenn ihr die jungen Bäume bewässert, müßt ihr sie Stück für Stück herausziehen, die Wurzel besehen und den tiefgehenden Wurzeln viel Wasser geben, den nicht tiefgehenden wenig. Sonst wird unser Wasser nicht reichen." — „Gut", sagten sie und taten so. Da sah ein kluger Mann die Affen im königlichen Garten bei ihrer Beschäftigung und rief: „He, ihr Affen! Warum zieht ihr die jungen Bäume Stück für Stück heraus und bewässert sie nach der Größe der Wurzeln?" Sie antworteten, ihr Führer habe sie so geheißen. Er hörte das und dachte: „Ach, die Dummen, die Unwissenden sagen: ‚Wir wollen eine Sache machen', und Unfug machen sie!" Dann sprach er den Vers: „Was Ungeschickte tun, bringt nicht Erfolg; ein Tor schädigt nur die Sache wie der Affe im Lustgarten." Mit diesem Verse tadelte der weise Mann den Affenführer und verließ mit seinen Leuten den Lustgarten.

In der Einleitung dazu wird erzählt, wie der Meister auf einem Almosengang durch Kosala nach einem

Ort kam und dort freundlich aufgenommen wurde. Als die Mönche im Garten sich ergingen, trafen sie eine dürre Stelle, wo kein Baum oder Strauch Schatten warf, und fragten den Gärtner nach dem Grunde. Ein Dorfjunge, der gießen sollte, habe alle Bäume herausgerissen und nach der Größe der Wurzeln begossen. Die Mönche erzählten das dem Meister, der dazu bemerkte: „Es ist nicht das erstemal, daß der Dorfjunge einen Lustgarten geschädigt hat; genau dasselbe tat er in vergangenen Zeiten", und er erzählte die oben niedergeschriebene Geschichte. Es folgt ein Nachwort, in dem es heißt: „Der Dorfjunge war in jenen Tagen der Affenführer und ich der weise Mann." Das ist der ungefähre Typus aller Dschatakageschichten. Ich lasse abgekürzt noch eine zweite folgen, die viel allgemeinere Bedeutung hat, weil das Salomonische Urteil des Alten Testamentes dazu eine Parallele ist.

Eine Frau ging mit ihrem Söhnchen zum Badeteich, badete erst dieses, legte es dann in ihre Kleider und badete selbst. Eine Zauberin sah es und wünschte es zu verzehren. „Dies ist ein hübsches Kind, ist es deines?" fragte sie, bat um die Erlaubnis, es zu nähren, spielte mit ihm und lief dann davon. Die Mutter rannte ihr nach, hielt sie an und rief: „Wohin gehst du mit meinem Kinde?" Die Zauberin erwiderte: „Woher hast du den Sohn? Er gehört mir!" Während sie so stritten, kamen sie bei der Tür der Halle vorbei, darin der Bodhisattva sich befand. Er hörte den Lärm, und da er die Zauberin als solche erkannte, fragte er, ob sie mit seiner Entscheidung zufrieden sein würden. Als sie es versprachen, zog er eine Linie, legte das Kind in die Mitte und hieß die Zauberin das Kind bei den Händen, die Mutter es an den Füßen ergreifen und ziehen. Wer das Kind zu sich herüberziehe, dem solle es gehören. Sie zogen, und das Kind begann vor Schmerz heftig zu schreien; da ließ die Mutter, der das Herz brach, los und weinte. Der Bodhisattva aber fragte die Anwesenden: „Ist es das Mutterherz, welches liebevoll zum Kinde ist, oder das einer Frau, die nicht die Mutter ist?" Sie antworteten: „Das Mutterherz."

Die Gemeinde

Wie um alle Wanderprediger, so sammelte sich um Buddha eine Schar von Jüngern, die mit ihm durch das Land als Heimatlose, als „Bürger der vier Weltgegenden" pilgerten, seine Lehre hörten oder ihm Fragen stellten. Wie Sankhya und Yoga keine Kaste kennen, so hat auch Buddha die Pforten seiner Lehre weit geöffnet. „Wie die großen Ströme Ganges, Dschamuna, und andere, sobald sie in das große Meer fallen, ihren alten Namen und ihr altes Geschlecht aufgeben und nur noch als großes Meer gelten, so geben die Kschatriya (Krieger), Vaischya (Ackerbauer), Schudra (Knechte, Paria), die nach der vom Vollendeten verkündeten Lehre aus der Heimat in die Heimatlosigkeit ziehen, ihren alten Namen, ihr altes Geschlecht auf und gelten nur noch als Anhänger des Schakyasohnes." Sie sind alle miteinander Bhikkhu (Bhikschu = Bettler), die von frommen

Gaben leben. Einmal beklagen sich zwei Angehörige eines brahmanischen Geschlechts, die zu Buddhas Lehre sich bekennen, daß die Brahmanen sie beschimpfen, weil sie ihre hochstehende Kaste aufgegeben und einer niedrig stehenden, den verächtlichen und kahlgeschorenen Samana sich angeschlossen haben. Gotama erwidert, daß aus diesen Kasten ein Adliger, Brahmane, Vaischya, Schudra, wenn er lebende Wesen töte, stehle, unkeusch lebe oder verleumde, doch eine Reihe böser, gescholtener, von schlechten Folgen begleiteter, von den Verständigen getadelter Eigenschaften zeige, und wenn ein Adliger, Brahmane, Vaischya, Schudra lebende Wesen schone, nicht stehle, nicht unkeusch lebe, nicht verleumde, er doch eine Reihe guter, nicht gescholtener, von guten Folgen begleiteter, von den Verständigen belobter Eigenschaften zeige. Da also die (Angehörigen der) vier Kasten nach beiden Seiten hin verteilt sind, nach der dunklen und von den Verständigen getadelten, wie nach der hellen, von den Verständigen belobten Seite hin, so könne ein Verständiger der Meinung der Brahmanen nicht zustimmen, daß sie die vornehmste, allein helle Kaste sei, die anderen geringer, daß sie schwarz seien. Ein jeder Mönch aus diesen Kasten, der das Übel vernichtet, die Fesseln des Werdens abgeworfen habe, durch die wahre Erkenntnis befreit sei, der gelte als der erste unter ihnen, mit Recht, nicht mit Unrecht. Das Recht ist das erste, in der diesseitigen wie der jenseitigen Welt.

Mit diesen und anderen Gründen weist Buddha (oder der Sprecher dieser Rede) die Ansprüche der

Brahmanen zurück. Ein andermal entsenden sie einen Jüngling, der, in den Veden und allen damit verbundenen Wissenschaften wohl erfahren, ein Asketenleben geführt hat und geeignet scheint, Gotama zu antworten, der die Reinheit aller vier Kasten verkünde. Er sträubt sich, denn Gotama verkünde die Lehre, und denen, die die Lehre verkünden, sei schwer zu erwidern; aber er geht, ihren Wunsch zu erfüllen, in Begleitung vieler Brahmanen hin. Die Brahmanen, sagt er nach den einleitenden Begrüßungen zu Buddha, behaupten, sie sind die erste Kaste; jede andere sei geringer. „Die Brahmanen sind die weiße Kaste, jede andere schwarz; die Brahmanen sind rein, nicht die Nichtbrahmanen, und so fort. Was sagst du dazu?" — „Man sieht doch, daß die Brahmanenfrauen menstruieren, daß sie schwanger werden, gebären, säugen, und diese Brahmanen, die einem Mutterleib entstammen, sagen: ‚Die Brahmanen sind die erste Kaste, jede andere geringer; die Brahmanen sind die weiße Kaste (usw.)'?" Der Jüngling erwidert mit: „Ja. Und dennoch behaupten die Brahmanen (folgt dasselbe)." „Was sagst du dazu? Hast du gehört, daß es unter den Joniern, den Kambodschas und anderen Nachbarländern ebenso Kasten gibt, Arier und Sklaven; ein Arier zu einem Sklaven, ein Sklave zu einem Arier wird ... Was ist da die Macht der Brahmanen, was für ein Trost, daß sie sagen: ‚Die Brahmanen sind die erste Kaste usw.)'? Wenn ein Adliger ein Mörder, Dieb, Lüstling ist, wird er nach Auflösung seines Körpers, nach dem Tode an einer üblen Stelle, in der Hölle wiedergeboren, nicht ein Brahmane? Wenn ein Vaischya oder Schudra ein Mörder (und so weiter) ist, wird er an einer üblen Stätte, in der Hölle geboren, nicht ein Brahmane?" So zieht er in sokratischer Dialektik immer engere Kreise, um den Jüngling zu überführen, der nichts zu erwidern weiß und schließlich seine Aufnahme als Jünger Buddhas begehrt.

In scharfer Weise richtet Buddha an anderer Stelle sich gegen die Ansprüche der Kenner der heiligen drei Veden. Auf die Frage, ob denn die verschiedenen, von den Brahmanen gelehrten Wege, wie die Straßen in einer Stadt zusammenlaufen, so zur Vereinigung mit Brahma hinführen, antwortet er: „Hinführen?" — „Ja!" — „Hinführen?" — „Ja!" — „Wirklich hinführen?" — „Ja, hinführen, verehrter Gotama!" — „Wie denkst du dir das, Vasettha? Gibt es auch nur einen unter den Drei-Veda-Kennern, der den Brahma von Angesicht gesehen hätte? Oder ist unter ihnen auch nur ein Lehrer, der den Brahma von Angesicht gesehen hätte? Oder der Lehrer eines Lehrers? Oder der Lehrer eines Lehrers bis zur siebenten Generation rückwärts? Wie denkst du von den Sehern der Vorzeit, den Verfassern und Verkündern ihrer heiligen Sprüche, deren alten Text die drei-Veda-Kundigen Brahmanen der Gegenwart nachsingen und nachsprechen? Haben die gesagt: ‚Wir wissen und sehen, wo, wodurch und worin Brahma ist'?" Er nennt ihre Worte unüberlegtes Gerede, lächerlich, inhaltlos, und vergleicht sie selbst mit einer Kette von Blinden, von denen der erste, mittlere und letzte nichts sieht[1].

---

[1] In den drei Veden kommt der Gott Brahma noch nicht vor, in den späteren vedischen Schriften auch nur selten. Die eigentlichen Veden müssen Buddha unbekannt gewesen sein, also seiner Zeit vorausliegen. Es liegt hier ein Irrtum Buddhas vor.

Buddha hat die Gleichheit der Kasten gepredigt, aber der Wirklichkeit nicht Rechnung getragen, die stärker war als seine Lehre. Diese ist in Indien verklungen; das Kastenwesen ist geblieben und hat sich weiter entwickelt. Sie sind eine uralte Einrichtung. Die Arier und die eingeborene Welt mit ihren mannigfachen Stämmen und Rassen, deren geschlechtliche Vermischung, Beschäftigung und Wechsel dieser Beschäftigung haben dazu beigetragen, sie zu schaffen und vervielfältigen. Wanderungen einzelner Gruppen, die sich in einem anderen Teil Indiens niederließen und durch diese Ortsveränderungen gezwungen waren, verbotene Speisen zu essen, fremde Frauen zu heiraten, führten zum Verlust der alten Kaste und zur Bildung einer neuen. Mischlinge aus den verschiedenen Kasten bildeten neue Abzweigungen, die unter sich heiraten, und bilden sie noch. Die Holländer zum Beispiel hinterließen als Folge ihrer Verbindung mit vornehmen Singhalesinnen eine Nachkommenschaft, die nach Risley eine neue Kaste ausmachen und nur unter sich heiraten. Selbst die Brahmanen sind in zehn Kasten und hunderte von Unterabteilungen geteilt, nicht minder die Schudra. Es besteht die Streitfrage, ob man die Aufhebung oder die Beibehaltung der Kasten, die den Wünschen der Inder entsprechen und ihnen keineswegs als Ungerechtigkeit erscheinen, wünschen soll oder nicht. Jedenfalls wird in Indien indischer Brauch, indische Religion und indisches Familienleben als dem europäischen überlegen angesehen.

Die ersten, welche Buddha bekehrte, waren nach jenen zwei Kaufleuten die fünf Brahmanen, vor denen er die Predigt von Benares hielt. Sodann kam Yasa, ein vornehmer Jüngling aus dem Hause eines reichen Gildeherrn; er trat nicht nur selbst bei, sondern zog auch seine Frau, seine Freunde und seine Eltern nach sich, die Laienbrüder und Laienschwestern des Ordens wurden. Eine der wichtigsten Bekehrungen war die der drei Brüder Kassapa, hochangesehener Asketen, Anhänger des Feuerkultes, die einen großen Kreis von Jüngern um sich scharten; die Überlieferung spricht von Tausend. Mit ihnen wanderte er nach dem Gayaberge und hielt eine Rede von merkwürdigem Kolorit. Sei es mit Rücksicht auf den von ihnen gepflegten Feuerkult, sei es im angeblichen Anschluß an einen Waldbrand, ging er von dem Feuer aus, das alle Sinne umfängt.

„Alles, ihr Mönche, steht in Flammen. Was, ihr Mönche, steht alles in Flammen? Das Auge, ihr Mönche, steht in Flammen; alles Körperliche steht in Flammen. Die Wahrnehmung mittels des Auges steht in Flammen, die Berührung (der Objekte) mittels des Auges steht in Flammen; was immer an Empfindung durch die Berührung (der Objekte) mittels des Auges entsteht, sei es angenehm oder leidvoll, oder weder leidvoll noch angenehm, auch das steht in Flammen. Wodurch steht es in Flammen? Ich sage, durch das Feuer der Lust, durch das Feuer des Hasses, durch das Feuer der Verblendung steht es in Flammen, durch Geburt, Alter, Tod, Kummer, Jammer, Leid, durch Kleinmut, Verstörung steht es in Flammen." Es wiederholen sich dieselben Worte in bezug auf die ganze Reihe der Sinnesempfindungen (Nase und Geruchsempfindung, Zunge und

Geschmacksempfindung, Leib und Tastempfindung, Geist und Gedanken). „Wer das sieht, ihr Mönche, wer die Lehre vernommen hat und der edlen Wahrheit anhängt, wird des Auges überdrüssig, wird alles Körperlichen überdrüssig, der Wahrnehmung mittels des Auges überdrüssig, alles dessen, was immer an Empfindung durch die Berührung (der Objekte) mittels des Auges entsteht, sei es angenehm oder leidvoll, oder weder leidvoll noch angenehm." Wiederum folgt dieselbe Rede in bezug auf die Reihe der anderen Sinnesempfindungen. „Wer dessen überdrüssig ist, wird frei von Leidenschaft; durch die Befreiung von Leidenschaft wird er erlöst. In dem Erlösten entsteht die Erkenntnis: ‚Ich bin erlöst'. Er weiß: ‚Vernichtet ist die Geburt, vollendet der heilige Wandel, erfüllt die Pflicht; es gibt keine Rückkehr mehr in diese Welt'." Während diese Belehrung erfolgte, löste sich der Geist der tausend Mönche von dem Haften an irdischen Dingen und wurde von allen Wirrungen frei.

Buddhas Lehre breitete sich rasch aus. Unter den Bekehrten befanden sich zwei, die als hervorragende Mitglieder des buddhistischen Ordens später besonderes Ansehen genossen und mit den Aposteln Petrus und Paulus der christlichen Kirche verglichen worden sind. Auch sie harrten der Erlösung und waren Mitglieder jener großen Gemeinschaft, die den Weg suchte, aber nicht fand. Eines Tages ging der ehrwürdige Assadschi (ein Jünger Buddhas) mit Almosentopf und Mönchsgewand nach Radschagriha, Almosen zu sammeln, gesenkten Auges, in edler Haltung. Da erblickte ihn der Wandermönch Sariputta und dachte: „Das ist einer von den Bhikschus, die in der Welt heilig sind oder den Pfad der Heiligkeit betreten haben. Wie, wenn ich jetzt zu diesem Mönch ginge und ihn fragte: ‚In wessen Namen hast du der Welt entsagt; wer ist dein Lehrer, zu welcher Lehre bekennst du dich?'" Da fiel Sariputta ein: „Jetzt ist keine Zeit zu fragen; er ist in die Häuser gegangen, um Almosen zu sammeln. Wie, wenn ich jetzt dem Bettelmönch Schritt für Schritt auf dem den Bittstellern bekannten Wege folgte?" Da kehrte der ehrwürdige Assadschi von seinem Almosengange zurück. Sariputta nahte ihm, wechselte freundliche Begrüßung und sprach: „Glücklich, Freund, ist dein Aussehen wie deine Farbe. In wessen Namen hast du der Welt entsagt, wer ist dein Lehrer, zu wessen Lehre bekennst du dich?" — „Es ist der große Asket, der Sohn der Schakya, aus dem Hause der Schakya, der der Welt entsagt hat. In dessen Namen habe ich der Welt entsagt; der Erhabene ist mein Lehrer, zu dessen Lehre bekenne ich mich." — „Was sagte der ehrwürdige Lehrer, was verkündete er?" — „Ich bin noch neu, habe noch nicht lange der Welt entsagt und bin erst jetzt zu seiner Lehre und Zucht gelangt. Ich kann dir seine Lehre nicht ausführlich wiedergeben; aber den Sinn will ich dir in Kürze sagen." Da sprach Sariputta zu dem ehrwürdigen Assadschi: „Wenig oder viel, den Sinn verkünde mir, den Sinn begehre ich! Was sollen viele Worte." Da sagte der ehrwürdige Assadschi Sariputta, dem Wandermönch, den Lehrspruch: „Welche Erscheinungen aus einer Ursache hervorgehen, deren Ursache hat der Vollendete erklärt, und ebenso dieser (Erscheinungen) Vernichtung. So lehrt der große Asket." Als Sariputta, der Wandermönch, diesen Spruch gehört hatte, ging ihm das Auge der Lehre rein und fleckenlos auf, und er erkannte: „Alles, was dem Entstehen unterliegt, das unterliegt dem Vergehen[1]."

Sariputta und Moggallana hatten sich das Versprechen gegeben, daß einer es dem anderen sage, wer zuerst „das Unsterbliche" erreiche. Sariputta ging also zu Moggallana, um ihm das gewonnene Heil zu verkünden, und mit ihm zu Buddha, denn „der Ehrwürdige ist unser Lehrer". Sie teilten es den 250 Wandermönchen mit, die auf sie ihr Vertrauen und ihre Hoffnung setzten. „Mögen sie tun, wie sie denken!" Aber die Schar folgte ihrem Beispiel. Beide traten vor Buddha, der sie unter den Namen Kolita und Upatissa mit den Worten empfing: „Das wird mein Jüngerpaar sein, das vornehmste, edle Paar."

Buddha wanderte im Lande und verkündete seine Lehre durch mehr als vierzig Jahre. In Parks, in Mangohainen, auf bevorzugten Plätzen, in der Regel in der Nähe der Städte nahm er seinen Aufenthalt und empfing jene, die kamen, ihn zu fragen, über gegnerische Auffassungen sich belehren zu lassen oder seine Rede zu hören. Es wäre ein Irrtum, etwa anzunehmen, daß dem Gegner aller Kasten nun nur Vaischya oder Schudra zuströmten, daß seine Lehre eine Zuflucht der Mühseligen und Beladenen gewesen wäre. Im Gegenteil hören wir oft, daß

---

[1] Es ist die ständige Formel, die den Kern der buddhistischen Lehre enthält und auf die Kausalitätsreihe mit ihrer Erklärung des Entstehens und Vergehens verweist. Oldenberg bemerkt dazu: „Daß dies als kürzester Sinn der Buddhalehre vorgetragen wird, ist bezeichnend dafür, welche fundamentale Bedeutung dem Glauben an die Gesetzmäßigkeit alles Geschehens im Buddhismus zukommt."

vornehme Söhne des Landes, gerade auch Brahmanen, seine Jünger wurden, daß Stand und Herkunft bei den Angehörigen des Ordens keineswegs unwesentlich war, natürlich nicht mit der Exklusivität, womit das Brahmanentum selbst sich umgab. Wir lesen gelegentlich auch von Leuten untergeordneten Standes oder niedrigen Geschlechts, die in den Orden aufgenommen wurden oder als Laienbrüder oder Schwestern ihm beitraten, so von dem Räuber Angulimala, der auch in Gjellerups Pilger Kamanita Eingang gefunden hat, von der Hetäre Ambapali, deren Einladung zum Gastmahl Buddha der von vornehmen Jünglingen vorzog, und andere. Einen Anhalt aus verhältnismäßig späterer Zeit — 2. bis 1. Jahrhundert v. Chr. — geben uns die Weihinschriften an dem Stupa von Santschi, wo die Namen der Frommen genannt sind, die Beiträge zu dem Stupa gestiftet haben und dem Orden angehörten oder sich als Laien dazu hielten, aber auch von vielen anderen Männern und Frauen (die sich meist nur als Mutter oder Ehefrau des N. N. bezeichnen). Da ist die Gabe von Gildenvorstehern oder deren Angehörigen, eines Kaufmanns mit seinem Sohn, eines Webers, der Elfenbeinarbeiter von Vidisa, von denen die Schnitzereien stammen, eines Asketen, eines Zimmermanns, eines Soldaten, eines königlichen Schreibers, eines Hausherrn; auch Kenner einzelner Teile der Pitaka, der heiligen Schriften, werden erwähnt. In einer späteren Inschrift (etwa 5. Jahrhundert) findet sich die Stiftung eines hohen Beamten, der der Gemeinde des Klosters eine Summe Geldes übermachte zu dem Zweck, religiöse Bettler zu speisen und Lampen zu unterhalten. Es scheint, daß vornehmlich der „Mittelstand", die Vaischya, den Kern der Gemeinde ausmachten und fromme Gaben darbrachten.

Wir wissen nicht, wie groß die Zahl derer war, die in Buddhas Orden eintraten oder sich als Laien ihm anschlossen; die buddhistischen Berichte lassen sie noch größer erscheinen, als sie in Wahrheit gewesen sein wird. In der Gegenwart beträgt in Indien die Zahl aller religiösen Mendikanten und Klosterinsassen 700000, ausschließlich der Bettler, die auch mehr oder weniger religiösen Anschluß suchen[1]. Aus dieser Zahl, in der buddhistische Mönche nicht enthalten sein dürften, da es in Indien im wesentlichen keinen Buddhismus mehr gibt, während sonst das Ordenswesen in Blüte steht, wird man keinen Schluß auf ferne Vergangenheit ziehen, aber doch einen Anhalt zur Skepsis gegen hohe Zahlen entnehmen können. Denn der Buddhismus war zu keiner Zeit die Religion Indiens.

Buddhas Gemeinde wuchs schnell durch die missionierende Tätigkeit seiner Schüler. Er hatte sie mit den Worten ausgesandt: „Ich bin befreit von allen göttlichen und menschlichen Fesseln; auch ihr, ihr Mönche, seid von allen göttlichen und menschlichen Fesseln befreit. Ziehet hinaus, ihr Mönche, zum Wohl für viele Menschen, zum Segen für viele Menschen, aus Mitleid mit der Welt, zum Nutzen, Wohl, Glück für Menschen und Götter. Gehet nicht zu zweien denselben Weg. Predigt, ihr Mönche, die Lehre, die vortrefflich zu Anfang, Mitte, Ende ist in

---

[1] Die Zahl derer, die von Almosen, verschiedenen Benefizien oder auf Staatskosten leben, beträgt 5 Millionen, davon 4/5 gewöhnliche Bettler.

Wort und Inhalt. Bezeuget den vollkommenen ernsten Wandel in Heiligkeit. Es gibt Wesen, an denen nur noch wenig Unreinheit haftet. Wenn sie die Lehre nicht hören, werden sie verloren sein; sie werden (wenn sie sie hören) sie verstehen." Durch die Vorschrift, daß ein jeder das Wort Buddhas in seiner eigenen Sprache hören solle, wurde dieser Tätigkeit die Möglichkeit gegeben, in den Kreisen des Volkes zu wirken.

Die Jünger brachten so viele Heilsbegierige, die Weltentsagung unter der Lehre des Meisters und Eintritt in den Orden begehrten, daß er sie anwies, ihnen selbst die Gelübde an Ort und Stelle abzunehmen. „So sollt ihr es ihnen abnehmen: sie sollen Haar und Bart scheren, gelbe Kleider anlegen, ihr Kleid mit Freilassung der rechten Schulter tragen, die Füße der Bhikkhus verehren, die Hände in Verehrung falten und dreimal sagen: ‚Ich nehme meine Zuflucht bei Buddha, ich nehme meine Zuflucht bei der Lehre, ich nehme meine Zuflucht bei der Gemeinde.'" In ausführlicher Weise schildert Buddha einem brahmanischen Jüngling die Stadien dieses Weges zur Lehre: „Ein Hausvater oder der Sohn eines Hausvaters oder ein in irgendeiner Familie Geborener hört die Lehre. Er hört sie und gewinnt Vertrauen zu dem Vollendeten. Voll dieses Vertrauens erwägt er: ‚Eine Bedrängnis ist das Leben im Hause, ein Weg der Unreinheit; eine freie Welt ist der Weg in die Heimatlosigkeit. Es ist nicht leicht für einen, der im Hause wohnt, den heiligen Wandel zu führen in seiner ganzen Vollkommenheit, ganzen Reinheit, Muschelblankheit. Ob ich wohl Haar und

Bart scheren lasse, die gelben Gewänder anlege und aus der Heimat in die Heimatlosigkeit gehe?' Zu späterer Zeit gibt er kleinen oder großen Besitz auf, gibt er einen kleinen oder großen Verwandtenkreis auf, läßt Haar und Bart scheren und zieht in die Heimatlosigkeit."

Die Angliederung von Laienmitgliedern an die buddhistische Gemeinde war eine durch die Verhältnisse gebotene Notwendigkeit. Nicht alle waren bereit, Haus und Familie und Beruf zu verlassen. Die Gesetzgebung des Staates hat sich auch eingemischt und bestraft den, der, ohne für Weib und Kind gesorgt zu haben, sich auf die religiöse Wanderschaft begibt oder eine Frau dazu veranlaßte; sie verlangte von dem, der über das zeugungsfähige Alter hinaus war, vor Antritt der Wanderschaft die Verteilung seines rechtmäßigen Besitzes.

Das Leben der zur Armut verpflichteten Mönche brauchte, schon um vom Bettelgang nicht leer heimzukehren, ein mildtätiges Laientum. Wie der Mönch mit seinem Almosentopf bescheiden und schweigend an die Tür trat, um seine Speise zu erhalten, und außer seinem Gewande und diesem Topf nichts besitzen durfte, so hatte der Laie den geistlichen Führer und Berater nötig. Daher steht es denen, die sich vom Leben nicht trennen können oder wollen, frei, die ersten Schritte auf dem achtteiligen Wege zu tun, die in einer späteren Geburt zu heiliger Höhe führen oder jedenfalls zu einem besseren Dasein verhelfen werden. Der Zugang zur Laienbrüderschaft war nicht schwer; es genügte die Erklärung in Gegenwart eines Mönches, daß der Eintretende seine Zuflucht bei Buddha, bei der Lehre und der Gemeinde nehme, daß er an die Weisheit des Vollendeten glaube und die fünf der oben genannten Gebote halte. Ausdrücklich wird ausgesprochen, daß er eine offene Hand haben und freudig geben solle. Die glänzenden Beispiele buddhistischer Laienwohltätigkeit zeigen die freudige Befolgung dieser Vorschrift, die zur Stiftung von Hainen, Klöstern führte, und namentlich in König Aschoka einen weithin leuchtenden Vollbringer fand. „Der Laie, der gegen Sitte und Zucht verstößt," heißt es, „erfährt Schäden aller Art, kommt in üblen Ruf, fühlt sich in der Versammlung von Bürgern, Brahmanen oder Samana gedrückt, hat Angst vor dem Tode und kommt in die Hölle, während der Tugendhafte guten Ruf erwirkt, sicher auftritt, ruhig stirbt und zur Seligkeit in den Himmel eingeht." Schwerer war der Weg zu Noviziat (pabbajja oder Weltentsagung) und der Ordensweihe (upasampada). Der Eintritt in jenes durfte, gewiß nicht ohne staatliche Einwirkung, nicht vor dem 15., der Empfang der Ordination nicht vor dem 20. Lebensjahr stattfinden. Wir spüren die staatliche Hand, von der schon oben einige Anzeichen hervorgehoben wurden, auch in dem von staatsrechtlichen und politischen Erwägungen beherrschten Verbot, Beamte oder Soldaten des Königs aufzunehmen, Schuldner oder Leibeigene zuzulassen.

Der Novize, der unter die Leitung eines oder mehrerer geweihter Mönche gestellt war, mußte vor der Ordination zum Mönch bekennen, ob er an gewissen schweren Krankheiten leide, Schulden habe, in königlichen Diensten stehe, die Genehmigung der

Eltern besitze, und seinen wie des Lehrers Namen angeben. Dreimal wiederholen sich Frage und Antwort; dreimal wiederholt sich der Antrag auf Aufnahme: „Es höre mich die hohe Gemeinde! Dieser N. N., des ehrwürdigen N. N. Schüler, ist frei von Hindernissen; Almosentopf und Gewandung sind in Ordnung. N. N. bittet die Gemeinde (der Mönche) um die Ordination mit dem ehrwürdigen N. N. als Lehrer. Wer von den Ehrwürdigen der Ordination des N. N. mit dem ehrwürdigen N. N. als Lehrer zustimmt, der schweige; wer nicht zustimmt, der spreche." Nach der Aufnahme erhält er Belehrungen über sein Verhalten hinsichtlich der Speise und des Speisens, der Gewandung, die aus alten Lumpen bestehen soll, an deren Stelle jedoch auch Leinwand und Baumwolle, sogar Seide gestattet wird. Als Aufenthalt wird ihm die Lagerstätte am Fuß eines Baumes, ein Kloster, eine Kammer, eine Anhöhe empfohlen. Zu vermeiden ist jeder geschlechtliche Verkehr, Töten irgendeines Wesens; Verzicht auf alle Eitelkeit, besonders auf eigene Vollkommenheiten, ist erforderlich. Die hohen sittlichen Anforderungen, die an die Mönche in der Theorie gestellt wurden, zeigen die Hoheit der Lehre. Nicht nur die Befolgung der Verbote oder Gebote ist ihm Pflicht, sondern in freier Ausgestaltung des seelischen Lebens und erfahrener Unterweisung werden seine Schritte geleitet. Es ist ihm aufgegeben, unwahre und rohe Rede, Klatscherei zu unterlassen, nicht anderwärts zu erzählen, was er hier gehört hat, um die einen zu entzweien, oder was er dort gehört hat, diesen zu erzählen, um die anderen zu entzweien. „Er gibt müßiges Reden auf, müßige Rede verschmäht er; er spricht zur rechten Zeit, spricht Tatsächliches, Sinngemäßes, spricht von Lehre, Zucht; seine Lehre ist inhaltreich, wohlbegründet, gemessen, nützlich."

Die Gemeinde Buddhas war durch kein anderes Band zusammengehalten als durch die Autorität der Lehre und das Ansehen erfahrener Mönche. Eine ins einzelne gehende, durch eine Art Gelegenheitsgesetzgebung entstandene Kasuistik sorgte für alle Möglichkeiten des Ordenslebens. Aber es ist klar, daß auf die Dauer und besonders nach dem Tode des Meisters, eine solche im Grunde nur an das Wort gebundene Gemeinschaft der vielen Tausende von zerstreut lebenden Mönchen nicht ohne inneren Zwiespalt bestehen konnte. Schon bald, am Anfang seiner Laufbahn, als er vom Baum der Erkenntnis freudig strahlend seine Straße nach Gaya zog und von einem Mitglied der Adschivikasekte, Upaka, nach dem Grund seiner Freude, nach Lehrer und Lehre gefragt worden war, erlebte er die erste Enttäuschung, denn Upaka schlug kopfschüttelnd mit den Worten: „Mag ja so sein" einen anderen Weg ein und machte sich davon.

Von größerer Bedeutung war der Widerstand seines feindlichen Vetters Devadatta, der einen Prinzen zur Ermordung seines Vetters anstiften wollte und auch persönlich Buddha zu töten suchte, um selbst die Leitung der Gemeinde in die Hand zu bekommen. Als diese Versuche durch Buddhas Wunderkraft mißlangen, tat Devadatta sich mit seinen Freunden zusammen, um in die Gemeinde Zwiespalt zu tragen und ihn seiner Autorität zu berauben.

Man forderte strengere Askese in dem Orden, den Aufenthalt der Mönche im Walde, nicht mehr in der Nähe eines Dorfes; sie sollten nur von Almosen, nicht von Einladungen leben. Sie wünschten in der Erwartung, daß Buddha nicht zustimmen würde, das und manches andere, um es zum Ausgang der Spaltung zu machen, und brachten in der Tat eine nicht geringe Anzahl von Anhängern auf ihre Seite. Aus dem gewiß nicht voreingenommenen Bericht geht die Bedeutsamkeit des Schismas hervor.

Widerspenstigkeiten innerhalb der Gemeinde zeigten sich auch sonst, Verstöße gegen die Ordensregeln, Neigung zur Völlerei, die in späterer Zeit dem Wort Bhikschu einen verächtlichen Klang gaben. Fand doch Buddha selbst einmal den Brunnen eines Dorfes mit Gras und Spreu angefüllt, damit ,,die geschorenen Asketen nichts zu trinken sähen". Wir lesen von einem Mönche, Sarabha, der sich rühmte, von der Schakyalehre und ihrer Ordnung abgefallen zu sein, seitdem er sie erkannt habe. Sogar bald nach Buddhas Tode rief einer der Mönche, der erst in späterem Alter dem Orden beigetreten war: ,,Weinet nicht, klaget nicht; wir sind den großen Samana glücklich los. Wir werden nie mehr mit der Mahnung belästigt: ,Das ziemt sich, das ziemt sich nicht.' Jetzt können wir tun, was wir wollen; was uns nicht paßt, tun wir nicht." Kein Wunder, daß nach Buddhas Tod die Meinungsverschiedenheiten mehr hervortraten und zu Bildungen von Sekten führten, deren jede die Lehren Buddhas anders deutete. Am Anfange des 3. Jahrhunderts soll ihre Zahl sich schon auf achtzehn belaufen haben.

Buddha selbst hatte keine Anweisung hinterlassen, wie sein geistiges Erbe zu verwalten sei. In einem der letzten Gespräche, das er mit seinem Lieblingsjünger Ananda nach einer schweren Krankheit führte, sagte er: „Was erwartet die Gemeinde der Mönche noch von mir? Ich habe die Lehre gepredigt, ohne zwischen Innen und Außen einen Unterschied zu machen. Nichts ist in der Lehrerhand des Vollendeten zurückgeblieben. Wenn nun jemand denken sollte, er wolle die Gemeinde der Mönche leiten, oder nach seinen Weisungen solle sie sich richten, der möge sich hinsichtlich der Gemeinde der Mönche irgendwie äußern! Der Vollendete hat den Gedanken nicht: ‚Ich will die Gemeinde der Mönche leiten, oder nach mir soll sich die Gemeinde der Mönche richten.' Was soll der Vollendete in bezug auf die Gemeinde der Mönche noch äußern? Ich bin gebrechlich, alt, betagt, habe den Lauf vollendet, das Alter erreicht. Achtzig Jahre bin ich alt. Wie ein alter Wagen nur künstlich aufrechterhalten wird, so wird, denke ich, der Körper des Vollendeten nur künstlich aufrechterhalten ... Darum verhaltet euch so, Ananda, daß ihr selbst euer Licht, selbst eure Zuflucht seid, nichts anderes eure Zuflucht, die Lehre euer Licht, die Lehre eure Zuflucht, nichts anderes eure Zuflucht!" Und kurz vor seinem Tode sagte er zu Ananda: „Es könnte euch der Gedanke kommen: ‚Das Wort hat seinen Lehrer verloren; wir haben keinen Lehrer mehr.' So müßt ihr das nicht ansehen. Die Lehre und die Zucht ist euch gepredigt und verkündigt; sie ist euer Lehrer nach meinem Ende."

Die Zulassung weiblicher Ordensmitglieder fand erst später statt, der Erzählung nach auf Dringen der Stiefmutter Buddhas, die nach dem Tode ihres Gatten den Zutritt begehrte. Die Frauen haben in der buddhistischen Bewegung keine geringe Rolle gespielt; aber sie waren den Mönchen und ihrer Aufsicht unterstellt. Jede von ihnen, wenn auch noch so betagt, hatte den Mönch, auch den jüngsten, zuerst zu grüßen, halbmonatlich sich an die Mönchsgemeinde zu wenden, deren Weisungen hinsichtlich des Tages der Beichtfeier zu erbitten und entgegenzunehmen. In der Einsamkeit der Wälder, in stillen Schluchten ließen sie sich nieder, meditierten und sangen das Lob der Weltflucht und Buddhas Herrlichkeit. Wir besitzen eine Anzahl dieser Lieder, die zum Schönsten und Ergreifendsten gehören, was innerhalb dieser religiösen Gemeinschaft gedichtet ist und wert wäre, daß ein Dichter sie aufnähme und in deutsche Verse gösse. Es sind Lieder der Brüder und Schwestern der buddhistischen Gemeinde, die dort vor tausenden von Jahren erklangen und durch die Reinheit ihres Empfindens auch heute noch dem, der sich in ihre Gedanken zu versetzen weiß, das Herz bewegen. Schlichte Seelengemälde, auf dem Grunde einer ernsten und trüben Weltanschauung gezeichnet von solchen, denen nach langem Wandern in dem Irrtum der Welt das Heil aufgegangen war.

Die ehemalige Hetäre Vimala: Berauscht von Schönheit und Gestalt, von meinem Glück und Ruf, auf meine Jugend stolz, schätzte andere ich gering. Ich schmückte meinen Leib zu voller Pracht, die Toren zu verführen. Ich stand an der Hetärentür;

dem Jäger gleich warf ich die Schlinge aus. Ich zeigte meinen Schmuck und den verborgenen Reiz; ich übte manche List, verlachte manchen Mann. Heut gehe ich auf Bettelgang, das Haupt geschoren und in Nonnentracht gehüllt. Am Fuß des Baumes sitze ich, dem Unerforschlichen[1] ganz zugewandt. Die Bande alle sind gelöst, die Gott und Menschen binden. Die Übel warf ich ab, verklärt („weiß") bin ich, befreit.

Lied von der Nonne Subha (abgekürzt): (Der Verfolger): Zart bist du, ohne Fehl; was willst du mit der Wanderschaft? Wirf ab das Safrankleid! Komm, freu dich mit mir im blühenden Wald. Süß duften rings die Bäume, stolz vom Blütenstaub. Der erste Frühling, glückliche Zeit! Komm, freue dich mit mir im blühenden Wald. Der Bäume Gipfel steht in Blüte. Sie rauschen wie vom Wind bewegt. Wie kann dir Freude sein, gehst einsam du tief in den Wald. Der wilden Tiere Schar haust dort in ihm; von brunstberauschter Wildelefanten Lärm ist er gestört. Du willst allein hin in den Wald, der einsam ist und fürchterlich? Gleich einer goldenen Puppe wandelst du einher, der Nymphe gleich im Paradies. Ohnegleichen schienest du in kostbarem, feinem Gewand, wie's aus Benares kommt. Ich wär dein Diener gern, erfreutest du mit mir dich in dem Hain. Nicht ist mein Leben mir so lieb wie du, du mit der Elfen sanftem Blick. Auf schlechtem ‚Weg' willst du gehn; du suchst den Wald als Spielzeug dir, Berge, Meere willst du überspringen, die du die Lehre von Buddha suchst. Nichts gibt es in der Welt, wonach mein

---

[1] Die zweite Versenkungsstufe „frei von Erwägen und Nachdenken".

Sinn noch steht. Ich kenne ihn nicht. Was ist er? Ist er auf seinem ‚Weg‘ geschlagen und entwurzelt?...

Subha: Des Gesegneten Schülerin bin ich. Sein achtfacher Weg ist es, den ich wandle. Entfernt sind alle Pfeile, fort die Wirrungen; ich freue mich dieser Einsamkeit... Gleich einem Gaukelspiel vor deinem Blick, gleich einem goldenen Baum im Schlaf, jagst, Blinder, du dem Nichtigen nach, wie einem Zauberstück auf offenem Markt. Ein Kügelchen in einem hohlen Baum, ein Bläschen in der Mitte, von Tränen voll, verschiedener Ausfluß zeigt sich hier; das ist der Augenball.

Die Schöne riß ihn aus. Sie kam durch Liebe nicht zu Fall. „Da, nimm das Auge!" Wie sie es dem Manne gab, war seine Lust dahin, und um Verzeihung bat er sie. „Heil sei dir, Jüngerin! Nicht soll dies wieder sein! Du schlägst mich schwer, als hätte Feuer ich umarmt, als griff ich in eine Schlange: Heil dir, verzeihe mir!"

Die Nonne war befreit von ihm. Sie trat vor Buddha hin. Er sah das Zeichen ihrer hohen Tugend, und ihr Auge ward gesund wie einst.

Der Mönch am Gangesufer. Die Hütte baut ich am Gangesstrand mit drei Palmenblättern. Der Almosentopf stammt von der Leichenstatt[1], vom Schutt stammt mein Gewand. Zwei Jahre sprach ich nur ein Wort[2], im dritten erst zerbrach die Finsternis (und die Erleuchtung kam).

Kassapa von Uruvela. Die Wunder sah ich des berühmten Gotama, doch beugte ich mich nicht, von

---

[1] Wörtlich: „ist von der Leiche bewässert".

[2] Eine Frau wollte herausfinden, ob er denn stumm sei, und vergoß etwas Milch bei der Füllung seines Almosentopfes; da sagte er: „Genug, Schwester".

Eifersucht und Stolz getäuscht. Der Leiter der Menschen erkannte meinen Wunsch und mahnte mich. Wunderbar ward ich bewegt, die Härchen sträubten sich. Was einst mir war an Wunderkraft, als ich das Haar geflochten trug, das sah gering ich an, und Pilgrim wurde ich auf das Geheiß des Herrn. Am Opfer ließ ich mir dereinst genügen. Die Sinnenwelt stellt ich voran. Nachher gab ich die Leidenschaft und Fehl, Verwirrung auf. Wie früher ich gelebt, ich weiß es wohl. Ein klares, überirdisch Auge und Gehör gewann ich, wuchs an Wunderkraft und kannte anderer Herz. Warum ich aus der Heimat zog in Heimatlosigkeit, das Ziel hab ich erreicht: jede Fessel schwand.

*

Der Kultus war zu schlicht, um ein einigendes Band zu bilden. Die Idee der Gemeinschaft konnte bei einer Lehre, die den Weg der Erlösung jedem einzelnen überließ und ihn zwang, ihn allein zu gehen, nicht allbeherrschend werden und zur Bildung einer Kirche führen. Die feststehenden religiösen Formen beschränkten sich auf die feierlichen Bußtage, die am Neu- und Vollmond und an den Mitteltagen, also allwöchentlich stattfanden, an denen die Fragen des Sündenbekenntnisses vorgetragen wurden, „die Sühne", die zu den ältesten Teilen der buddhistischen Literatur gehört. Der Leiter der Versammlung geht die Gruppen von Verfehlungen durch und sagt z. B. am Ende der Aufzählung der schwersten Sünden (Unkeuschheit, Diebstahl, Lebensvernichtung, Lüge): „Wer von den Bhikkhu der einen oder der anderen anheimgefallen ist, hat keine Gemeinschaft mit den

Bhikkhu ... So frage ich, Ehrwürdige: seid ihr rein? Ich frage zum zweitenmal: seid ihr rein? Ich frage zum drittenmal: seid ihr rein? Ihr seid rein, darum schweigt ihr. So nehme ich an" usw. An der Feier teilzunehmen, die sich an die Mondzeiten im Anschluß an eine alte Überlieferung anknüpfte, die in den Mondwechseltagen heilige Zeiten sah, war Pflicht für die Mönche. Sie kamen aus dem Bezirk zusammen und nahmen in einem Versammlungsraum Platz. Die Laien legten dem Tag zu Ehren gute Kleider an und ließen die Arbeit ruhen. Noch ein zweites Mal fanden die Mönche sich zusammen, wenn die Regenzeit zu Ende war und die Wanderung begann; bei dieser Pavarana genannten Feier befragten sie sich gegenseitig, vom Ältesten bis zum Jüngsten, ob sie eine Schuld auf sich geladen hätten, und taten gegenseitig Abbitte.

Buddha hatte die Seinen ermahnt, in Lehre und Zucht nach seinem Hinscheiden ihren Lehrer zu sehen. Er wünschte nicht, daß irgendeinem etwas verborgen bleibe, und kurz vor seinem Ende richtete er an sie noch einmal die Frage: „Es mag sein, daß ein einzelner Mönch noch Zweifel oder Mißtrauen hegt in bezug auf Buddha oder die Lehre oder Gemeinde oder den Weg oder den Zugang dahin. Fraget, ihr Mönche, damit ihr nicht nachher Reue empfindet und sagt: ‚Unser Lehrer stand uns von Angesicht zu Angesicht gegenüber; wir waren nicht imstande, ins Angesicht ihn zu fragen.'" Die Mönche schwiegen. Er fragte zum zweiten- und drittenmal. Wiederum schwiegen die Mönche. „Es mag sein," fuhr Buddha fort, „daß ihr aus Ehrfurcht vor dem

Lehrer nicht fragt. So mag ein Freund dem Freunde sich anvertrauen." Abermals schwiegen die Mönche. „Wunderbar, Herr, außerordentlich, Herr", sagte da Ananda. „Ich bin zufrieden, Herr. In dieser Mönchsgemeinde hegt nicht ein einziger Bhikkhu Zweifel oder Mißtrauen an Buddha, an der Lehre, an der Gemeinde, an dem Wege oder dem Zugang dahin." — „Du sprichst aus Befriedigung, Ananda", erwiderte Buddha, „ich aus Wissen. Es gibt in dieser Mönchsgemeinde nicht einen Bhikkhu, der Zweifel an Buddha ... hegte. Unter diesen fünfhundert Mönchen ist der letzte in den ‚Strom gelangt', dem Abfall nicht mehr unterworfen, entschlossen, dem Ziel der Erleuchtung zugewendet. Wohlan, ihr Bhikkhu: dem Vergehen unterworfen sind die Gebilde des Wahns (die Sankhara); wirket an euch mit Wachsamkeit!" Das war des Vollendeten letztes Wort.

*

Es kann bezweifelt werden, ob Anandas und Buddhas Hoffnung in Erfüllung gegangen und seine Sekte nicht schon früh das Wort an sich erfahren hätte: „Wer dem Entstehen unterworfen ist, unterliegt auch dem Vergehen", wenn nicht über seiner Gemeinde sich schützend eine mächtige Hand erhoben hätte.

Eine auch nur kurze Darlegung des Buddhismus darf nicht verfehlen, des gewaltigen Schirmherrn zu gedenken, der im 3. Jahrhundert v. Chr. auf den Thron von Magadha gelangte und der wohlwollendste und gefeiertste Beschützer des Buddhismus wurde. Der Name des Königs Aschoka von Magadha ist berühmt in allen Ländern, wo man Buddhas Namen mit Andacht nennt. Er war der Sohn des Königs Tschandragupta, der ein mächtiges, den ganzen Norden von Kabulistan bis zur Mündung des Ganges umfassendes Reich mit Energie geschaffen hatte und mit politischer Weisheit regierte. Von seinem Nachfolger Bindusara ist wenig bekannt, doch setzte er wahrscheinlich die Eroberungszüge seines Vaters fort und hinterließ seinem Sohn, dem Enkel Tschandraguptas, ein noch nach Süden erheblich erweitertes Reich.

Die Größe der Verhältnisse, in die Aschoka schon in jungen Jahren Einblick erhielt, die Berührung Indiens mit dem Westen, dessen rege Beziehungen zu dem Hofe Tschandraguptas durch die griechischen Gesandtschaften bewiesen werden, mochten dazu beitragen, seinen Geist über die engen Schranken brahmanischen Denkens hinaus zu erheben und universell zu beeinflussen. Das weite Reich, das vom Himalaja bis nach Maisur und Dhauli im Süden sich erstreckte, erhielt in ihm einen Herrscher von ungewöhnlicher Begabung. Sein erfolgreicher Kriegszug nach Süden, dessen Ergebnis die Eroberung Kalingas an der bengalischen Küste war, wendete seinen Sinn infolge der großen Opfer an Menschenleben friedlichen Bestrebungen zu; aus einem Eroberer wurde ein Schirmherr des Buddhismus. Er hat weithin in seinen Ländern durch Inschriften auf hohen Säulen und Felswänden seine ethischen Grundsätze den Völkern kundgetan. Er prägt ihnen die Verehrung der Götter, Gehorsam gegen die Lehrer, geziemendes Benehmen gegen Freunde, Verwandte, Diener und Sklaven ein. Das Wachsen des inneren Menschen stelle allein den wahren Fortschritt religiösen Denkens dar. Er war kein Feind anderer Sekten, denen er seinen Schutz angedeihen ließ, in dem Wunsche, daß sie sich unbehindert fühlen, denn sie alle streben nach Zügelung der Sinne und Reinheit des Lebens. Aber in dem einen Edikt wendet er sich besonders an die Gemeinde der buddhistischen Mönche von Magadha und empfiehlt ihnen gewisse Stücke aus Buddhas Lehre, die fast sämtlich in dem uns bekannten Pâlikanon nachgewiesen sind, zum Studium. (Siehe S. 50.)

Er hatte ein besonderes Konsistorium eingerichtet, das die religiöse Ordnung überwachte, und ist berühmt durch das schon erwähnte Konzil von Patna, das von größter Wichtigkeit für die Geschichte und Entwicklung des Buddhismus wurde durch den Beschluß, Missionäre auszusenden. Nach Ceylon ging Aschokas eigener Sohn Mahinda, der bei dem befreundeten Könige dieser Insel gute Aufnahme fand und zusammen mit den ihn begleitenden Mönchen und später mit seiner Schwester der Gründer der noch jetzt dort blühenden buddhistischen Gemeinde wurde. Noch heute hält der Name des von Gläubigen besuchten Mahindahügels die Erinnerung an den Königssohn von Magadha wach. Er brachte die Pitaka mit, wie sie auf dem Konzil in Patna festgestellt waren; seine Schwester verpflanzte einen Zweig des heiligen Bodhibaumes nach der Insel, wo er noch heute, von Generationen sorgsam gepflegt, grünt und als der älteste Baum der Welt gilt.

Die Aschokasäulen sind neben den Felseninschriften ein kostbarer Besitz der Wissenschaft, denn sie sind in Volkssprachen geschrieben und enthalten die ältesten Proben indischer Dialekte, welche die

Indologie besitzt. Historisch wichtig ist in ihnen eine
Angabe, die das Datum der Zeit Aschokas bestätigt;
denn sie erwähnt die Namen westlicher Könige, zu
denen er seine Glaubensboten sandte, und zeigt seine
politischen Verbindungen ebenso wie seinen religiösen Enthusiasmus. Es sind das die Könige Antiochus II. Theos von Syrien (261—48), Ptolomäus
Philadelphos von Ägypten (285—47) und andere.

Einzelne dieser Säulen hatte er an Orten errichten
lassen, die der buddhistischen Gemeinschaft besonders heilig waren; er folgte in seiner Verehrung dabei
den Wünschen, die Buddha selbst vor seinem Tode
ausgesprochen hatte. In dem inhaltreichen Text, der
von Buddhas großem „Nibbana" und den Unterredungen seiner letzten Tage handelt, spricht dieser
von den Orten, welche die Frommen nach seinem
Tode besuchen sollen. Früher, wenn die Regenzeit
vorüber war, seien die Brüder aus den verschiedenen
Bezirken zu ihm gekommen, jetzt aber wäre es nicht
mehr möglich, sie zu empfangen. Er empfahl vier
Stätten als Ziele ihrer Pilgerschaft und verhieß denen,
die auf einer solchen gläubigen Herzens sterben sollten, die Wiedergeburt in den glücklichen Reichen des
Himmels. Es war die Stätte seiner Geburt, die seiner
Erleuchtung, der Tierpark, wo er das Reich der Gerechtigkeit gegründet hatte, und der Ort seines Eingehens in Nibbana. Er gab selbst die Anweisung, daß
seine Überreste mit gleichen Ehren und Formen wie
die eines Königs der Könige zu behandeln seien. An
einem Kreuzweg sei ein Tumulus (Grabhügel) zu errichten, und wer dorthin Kränze, Wohlgerüche, Farbiges niederlege, ehrfurchtsvoll sich verneige oder

Freude im Herzen empfinde, denen werde das lange zu Glück und Heil gereichen. Buddha starb im Gebiet der Malla; seine Gebeine wurden sieben Tage lang unter Tanz, Gesang, Musik, Wohlgerüchen verehrt und dann verbrannt. Auf die Nachricht von seinem Tode hin schickten der König von Magadha, die Schakya von Kapilavastu und andere Gesandte nach der Hauptstadt der Malla, um einen Teil der Knochenüberreste zu erhalten, über denen sie einen Stupa errichten würden. Die Überreste wurden daher in acht Teile geteilt und den Abgesandten übergeben, über allen Tumuli errichtet, ein neunter über dem Reliquientopf, ein zehnter über der Asche. Jene vier Stätten hat Aschoka besucht; die Säule, die im Lumbinihain an der Geburtsstätte Buddhas gefunden wurde, bezeugt noch seine Anwesenheit an diesem geweihten Ort. Auch die ältesten Kunstdenkmäler Indiens knüpfen an seinen Namen an; selbst der berühmte Stupa von Santschi aus dem 2. Jahrhundert v. Chr., der wie alle älteren Denkmäler noch kein Bild Buddhas enthält, sondern nur das Rad als Symbol seiner Lehre zeigt, führt seine erste Grundlage auf König Aschoka zurück.

Noch ein anderer Königsnamen ist für die Geschichte des Buddhismus von Bedeutung geworden: Kanischka, einer der Herrscher, der zu einer Abteilung der großen Jue-tschi-Nation Zentralasiens gehörte und im ersten oder zweiten Jahrhundert n. Chr. regierte. Sein Reich erstreckte sich über den größten Teil des Nordens von Indien, bis nach Kaschmir, Kafiristan, Kaschgar, Chotan. Das alte Peschawar, einst Puruschapura, das in Altertum wie Gegenwart die Straßen bewacht, die aus den Bergen Afghanistans nach Indien führen, war seine Residenz. Kanischka war ein Freund indischer Bildung und hatte an seinem Hofe den berühmtesten Dichter des nördlichen Buddhismus, Aschwaghoscha, sowie den um seiner medizinischen Schriften willen noch heute berühmten Arzt Tscharaka. Kanischka war nach Ausweis der von ihm hinterlassenen Münzen anfänglich anderen Göttern zugetan, bekannte sich später aber zum Buddhismus. Er hat zu Ehren Buddhas in seiner Hauptstadt über buddhistischen Reliquien einen großen Stupa errichten lassen, der vor einigen Jahren durchforscht wurde und in der Tiefe ein Reliquienkästchen enthielt; es ist mit einem Reliefbild des Königs geschmückt, den zwei Genien mit Kränzen umgeben. Kanischka lebt in der Geschichte fort durch Berufung eines großen, im Süden unbekannten, aber für die Entwicklung des nördlichen Buddhismus wichtigen Konzils, das in Sanskrit die Lehre feststellte und die Billigung gewisser Kommentare aussprach, welche die Texte nach den Ansichten bestimmter Schulen auslegten. Ein chinesischer Bericht erzählt, daß die vom Konzil gutgeheißenen Worte auf Kupfertafeln graviert in einem Tumulus niedergelegt worden seien. Spätere Münzen zeigen eine Darstellung Buddhas in griechischem Stil mit der Aufschrift Boddo. Wir irren schwerlich in der Annahme, daß dieses Konzil in Verbindung mit der weitreichenden politischen Macht des Königs von bedeutendem Einfluß auf die Geschicke und Verbreitung des „Großen Fahrzeuges", des Mahayanabuddhismus gewesen ist, auf dessen Gestaltung indische, iranische, chinesische und andere Einflüsse später entscheidende und umbildende Wirkung hatten.

✳

Buddha war nicht der erste Bringer des Heils, er wird nach dem Glauben der Buddhisten nicht der letzte sein.

Oben ist von der Unermeßlichkeit eines Weltzeitalters und der Unermeßlichkeit ihrer Zahl gesprochen worden. Die Konsequenz dieser Anschauung fordert die Annahme des Erscheinens anderer Buddha in vergangenen und in kommenden Weltperioden. Buddha selbst spricht schon in den an Upaka gerichteten Versen von den „Seinesgleichen", die zu der Vernichtung alles Übels gelangt seien. Als Sariputta in heiligem Eifer der Überzeugung Ausdruck gab, daß es keinen Samana oder Brahmanen gegeben habe oder jemals geben würde, der wissender in der Erkenntnis sei als der Erhabene, da tadelte ihn Buddha mit der Frage, ob er denn mit dem geistigen Auge das Innere der Heiligen, die in vergangenen Zeiten ehrwürdig und vollkommen erleuchtet waren oder in Zukunft sein werden, und ihre Zucht, ihre Weisheit, ihr Verhalten, ihre Erlösung durchschaut habe; weiterhin sprach er von den Heiligen der Vorzeit und Zukunft, die so treue Diener hatten oder haben würden, wie er in Ananda einen hatte.

Es gibt Weltperioden, in denen gar kein Buddha erscheint, und solche, in denen mehrere auftreten. In dem gegenwärtigen Zeitalter ist Buddha der vierte. Von besonderer Verehrung umstrahlt, leuchtet den

Gläubigen aus der Ferne der zukünftige Messias herüber, der aufs neue den rechten Weg zeigen und zum Nirvana führen wird. Das ist Maitreya, der als Bodhisattva schon in dieser Welt weilt und der zukünftigen Buddhawürde entgegenstrebt; der südlichen Schule wenigstens der Idee nach bekannt, ist er in der nördlichen Schule überall hochverehrt, fast mehr als Gotama. Dem nördlichen Buddhismus war das ‚kleine Fahrzeug", die alte schlichte Lehre, zu klein und mußte dem „großen Fahrzeug" weichen, das seine Bestandteile aus dem alten Volksglauben Indiens, der hinter der buddhistischen Kulisse nie verschwand, aus den Anschauungen und Geistesrichtungen verschiedener Völker entnahm. Wie ein Strom, dessen Wasser sich nach den geologischen Bedingungen der Länder färbt, durch die er fließt, hat der Buddhismus im Norden andere Farbe und Gestalt angenommen. Der Glauben an die Bodhisattva überwiegt den an Buddha; ‚die Hoffnung auf das Paradies verdrängt die stille Seligkeit des Nirvana.' Die Phantasie hat sich reicheren Spielraum geschaffen; dem irdischen Buddha gegenüber ersteht ein Gegenbild am Himmel. Gotama ist der irdische Buddha, Amitabha, der „unendliche Glanz", sein „gedankliches" Gegenstück im Himmel, ebenso wie die anderen früheren Buddha ein solches haben. Das Gegenstück zu (Buddha-) Bodhisattva ist Padmapani oder Avalokiteschvara, der berühmteste Name in dem erstehenden buddhistischen Pantheon. Die Geschichte der buddhistischen Kirche im Norden mit allen ihren Abzweigungen und Schattierungen zu schreiben, ist die unendlich schwierige Aufgabe einer noch fernen Zukunft.

Der Niedergang

Indien ist nicht mehr die Heimat des Buddhismus. Es sah sein Entstehen und eine Zeitlang seine Blüte; längst aber ist er zu fremden Nationen gewandert und trägt dort, in seinem Wesen tief verändert, neue, andere Frucht. Wer von den Religionen Indiens spricht, pflegt an ihn in erster Linie zu denken. Aber er war doch nur eine von den vielen Glaubensrichtungen, die in den Jahrhunderten vor Christus aus Indiens Boden emporwuchsen, sich durchsetzten und in diesem Urwald tropischen Wachsens und religiösen Denkens andere überwucherten, um wieder von ihnen erstickt zu werden. Der Zensus von Indien vom Jahre 1901, der sich in dieser Beziehung von den letzten nicht erheblich unterscheiden wird, stellte bei einer Gesamtbevölkerung von 294 361 056 Millionen in der Nacht des 1. März desselben Jahres 9 476 759 Buddhisten fest, unter denen sich die 9 184 121 Buddhisten Birmas befinden. Die Zahl der Buddhisten im eigentlichen Indien, die von Ceylon nicht eingerechnet, betrug also 1901 nur noch 338 879, wovon das große Bengalen allein 210 000 beherbergte, die übrigen sich auf einzelne Orte verteilten. In der großen Stadt Bombay waren nur 472 verzeichnet. Das sind keine irgendwie nennenswerten Zahlen gegenüber den rund 207 Millionen Hindu und 62 Millionen Mohammedanern, die jener Zensus feststellte. In Bengalen, wo noch eine verhältnismäßig größere Zahl lebt, hat der Buddhismus seine Zuflucht unter den niederen Kasten gefunden, besonders im westlichen Bengalen, wo fast in jedem Dorf ein Tempel des Dhamma, des „Gesetzes", sich befindet, so benannt nach dem zweiten Teil der buddhistischen Dreiheit, die aus Buddha, dem Dhamma und der Gemeinde besteht. Die Unterkaste der Savak sind strenge Vegetarier, betonen bei jeder religiösen Feier als höchstes Gesetz, keiner Kreatur das Leben zu nehmen, verehren einen Götzen, den sie für Buddha halten, beginnen und enden ihr Hochzeitszeremoniell mit Anrufungen Buddhas und so weiter. Ihr Name selbst leitet sich von Schrāvaka, d. h. „Hörer", ab und ist bei den Buddhisten üblich als der Name einer bestimmten Mönchsklasse.

Es ist gewiß seltsam, daß der Buddhismus, der zur Weltreligion und für die unendlichen Millionen des Fernen Ostens eine Quelle der Erbauung und Tröstung geworden ist, in Indien seine Zauberkraft eingebüßt hat und der Name seines Begründers selbst als der eines Leugners und Ketzers erscheint. Die Gründe in ihrer Gesamtheit zu erfassen ist zurzeit kaum möglich; aber wir können uns wenigstens einige davon vergegenwärtigen.

Im zweiten Kapitel dieser Darstellung wurde auf die innige Verbindung des Brahmanismus mit dem indischen Volke hingewiesen, die ihm seine Bedeutung und seine Widerstandskraft gab. Es ist sicher, daß es dem Buddhismus gelang, die Gewalt vorübergehend zu schwächen, daß große Fürsten wie Aschoka wohl vermochten, eine Zeitlang durch Teilnahme und Fürsorge besonderen Einfluß auszuüben, aber eben nur soweit Macht und Leben reichten. Das Wiedererstarken und Vordringen des Brahmanismus, der den

Himmel des Vischnu oder des tief im Volksglauben wurzelnden Schiva lehrt, kommt dabei in erster Linie in Betracht. Beide waren keineswegs auf der Stufe eines niederen Polytheismus stehengeblieben, sondern durch den Geist großer Reformatoren auf eine Höhe erhoben worden, deren Ausblick auch ernstere Denker festhielt und ihnen eine philosophische Grundlage gab. Indiens alte Weisheit und Philosophenkunst hatte den Buddhismus gezeugt und nahm, was an ihm neu war — und es war für Indien nicht viel — in seine Lehre auf; seine alten Götter stiegen vom Himmel und waren in Ramas, Krischnas Gestalt erschienen, um die sich neue Sekten und neue Lehren scharten. Orthodoxe Könige, die nicht Aschokas spätere Toleranz hegten, waren dem Brahmanismus geneigt und mögen dem Brahmanentum zur kräftigeren Verdrängung des Buddhismus die Hand gereicht haben. Schon nach Buddhas Tode erhoben sich unter seinen Jüngern Zwistigkeiten, die zwar von den Konzilien geschlichtet wurden, aber doch die nach dem Tode des Meisters entstandenen Schwierigkeiten andeuten. In dem Konzil von Patna sollen 6000 Mönche als Ketzer ausgestoßen worden sein. Nehmen wir die psychologische Erwägung hinzu, daß die Lehre des schlichten Mönches, der im gelben Gewande umherzog und die Weltentsagung verkündete, Selbstzucht verlangte und als Lohn für den Verzicht auf irdisches Gut und weltliche Freude dem in die Ordensgemeinschaft Eingetretenen nichts als die Befreiung von der Wiedergeburt verhieß, auf die Dauer dem Volke in Wirklichkeit nicht genügen konnte. Es mußte in der Welt mit ihrer Tätigkeit stehen und fand deren Leiden doch auch mit recht vielen Freuden gemischt; es sah nicht in der Unterdrückung seines Ichs, sondern in dessen Betätigung, in der Erfüllung seiner Wünsche das Glück seines Lebens und in Krischnas Himmel eine Fortsetzung irdischer Freuden. „Wenige von den modernen Buddhaverehrern sind sich darüber klar," sagt Heiler, „welche gewaltige ethisch-religiöse Forderungen Buddha an seine Jünger stellt. Buddhismus ist nicht, wie viele Abendländer glauben, herber Weltschmerz, wehmütiges Mitleid gegen alle Wesen und schmachtende Nirvanasehnsucht, sondern ein angespanntes Ringen nach dem Heil, nach der reinen Leidenschaftslosigkeit und der befreienden Erkenntnis, ein Ringen in unermüdlicher Selbstzucht und Selbstertötung, in angestrengter Meditation und Versenkung." Sein strenger Ernst, seine sittliche Reinheit sind ein hohes Ideal, ein Vorbild aller tiefen und echten Religiosität. „Er hat," wie Heiler hervorhebt, „nicht das entzweiende Schwert, sondern den Frieden gebracht; niemals sind in seinem Namen Scheiterhaufen errichtet, niemals Andersdenkende vergewaltigt worden. Endlich ist der Buddhismus eine völlig geistige, von jeder sakramentalen Dinglichkeit freie Erlösungsreligion, deren innerster Kern eine sublime Mystik von wundersamer Zartheit bildet." Aber er wandte sich in seinem Endziel nur an enge Kreise und vermochte auf diesen zarten Füßen sich nicht zu behaupten. Hat er doch selbst in den nördlichen Ländern, wo er seine blühende Heimat fand, dieses Wohnrecht nur durch eine Umprägung seines Wesens erkauft, die neue Himmel und neue Götter schuf und die Völker mit einem neuen Glauben ausstattete und mit Idealen, die von denen seines Gründers sich weit entfernten. Im indischen Buddhismus ist meist nur dem Mönch, im nördlichen aber jedermann der Weg zum Heil geöffnet. „Es ist wahr," sagt Kern, „daß die Anhänger des Mahayana den gleichmütigen, unter schönen Worten versteckten Egoismus der leidenschaftslosen Arhat verachten und ihr Ideal in dem tätigen Mitleid des Bodhisattva für das Wohl aller Wesen finden. Die Anhänger legen großes Gewicht auf die Hingabe, in dieser Hinsicht wie in vielen anderen in Übereinstimmung mit der Stimmung in Indien, die zur wachsenden Bedeutung der Bhakti (gläubigen Hingabe) führte. Durch dies Gefühl glühender Hingabe, vereint mit der Lehre tätigen Mitleids, hat der Glaube die Sympathie vieler Millionen gefunden und ist ein Faktor von viel größerer Bedeutung in der Geschichte der Menschheit geworden als der strenggläubige Buddhismus."

Der indische Buddhismus lehrte, die Welt zu verlassen, und wurde verlassen; der nördliche hat sie gewonnen und beherrscht noch heute im Norden sein weites Reich. In Indien selbst ist, trotz aller philosophischen Richtung des indischen Geistes, trotz der echten und tiefen Religiosität des indischen Denkens, das Volk in seinen breiteren Schichten nicht der Weltflucht seiner Propheten gefolgt, sondern hat sich den alten Göttern zugewandt oder ist ihnen treu geblieben, die ihrem Leben Wirken, Halt und Zuversicht gewährten. Der Hinduismus, dessen Vischnu- und Schivadienst in seinen roheren Formen die niederen Geister in seine Tempel und die höheren in seine

Philosophenschulen zog, gewann die Oberhand mit seiner Weltbejahung, die in Kama, Artha, Dhamma (Liebe, Nutzen, Recht und religiöse Pflicht) eine neue Trinität geschaffen hatte, die mehr dem Leben angepaßt und dafür brauchbar war. Das, was die heiligen Männer, die Asketen und Samana, mit der Allgewalt beschaulichen Betrachtens und Versenkens erstrebten, ging die Masse wenig an. Darum führt es zu weit, wenn einer der ersten Kenner des Buddhismus, Oldenberg, generell sagt: „Das, was ist, erscheint dem Inder wertlos gegen die Umrahmungen, mit denen seine Phantasie es einfaßt, und die Gebilde dieser Phantasie wuchern in tropischer Überfülle formlos und maßlos und kehren sich schließlich in furchtbarer Macht gegen ihren Schöpfer ... Leben und Glück im Diesseits bricht zusammen unter der Last des überschwer lastenden Gedankens an das Jenseits." Oder wenn Max F. Hecker dem indischen Geist nachsagt, von jeher scheine die indische Welt einen unbegrenzten Hang zu alles übersteigender Spekulation gehabt zu haben; es sei, als ob seine Heimat nicht die feste Erde, sondern der blaue Äther gewesen. Es richte sich das ganze Interesse, das gesunde Völker dem Staat und der sozialen Arbeit entgegenbringen, bei den Indern auf die Probleme der Meditation, der Religion. Was immer ein Volk, einen Staat wachhält, das fehle unter dem Himmel Indiens; der Mensch versinke in Träume, in ungemessene Träume, in phantastische Gedankenspiele, in eine Philosophie, die den unhemmbaren Flug durch alle Welten unternimmt." Diese in weite Kreise gedrungene Vorstellung bedarf einer Berichtigung. Sie berücksichtigt nur die eine Gruppe der Quellen und nur die eine Richtung des indischen Geistes; sie geht vorüber an den scharfsinnigen und genauen Leistungen indischer Grammatiker, an dem scharfen Schliff ihrer philosophischen Lehrbücher, an den klugen Beobachtungen und klaren Aussprüchen indischer Politiker und ihres Machiavell, an dem jahrhundertelangen Bestehen großer und wohlgeleiteter Reiche im Norden wie im Süden und macht zu sehr die Weltflüchtigen zum Maßstabe der Beurteilung des indischen Geistes.

Buddhismus und Abendland

Eine fast unübersehbare Zahl europäischer Schriften ist der Gestalt und Lehre des großen Religionsstifters im Fernen Osten gewidmet, der mehr als jede andere Erscheinung des Orients auch das Interesse der deutschen Welt gewonnen hat. Geistige Strömungen, die ihren Weg vorwiegend über Deutschland nahmen und andere Küsten kaum berührten, haben den Weg zu seinem Verständnis erleichtert und der Gedankenwelt des Buddhismus eine Aufnahme bereitet, die sonst die Öffentlichkeit in gleichem Maße weder dem fernen Orient noch seiner Erforschung gewährt hat.

Und doch sollte man sich erinnern, daß Indien uns schon früher manches geschenkt hat, um dessen eigentlichen Ursprung nicht eben viele wissen. Wollten wir die Fäden alle aufsuchen und aufnehmen, die seit langer Zeit von dort zu uns herübergesponnen sind, es würde sich ein fesselndes Werk ergeben, das die engen geistigen Beziehungen zeigt, die zwischen dem Gangeslande und uns bestehen: die Ziffern, mit denen wir schreiben, die Null, mit der wir rechnen, der Stellenwert der Zahl sind Erzeugnisse indischen Geistes. Es darf ferner als bekannt vorausgesetzt werden, daß viele Märchen oder Fabeln, die Kinder und Erwachsene bei uns erfreuen, zuerst in indischen Basaren die Menge ergötzten und von dort aus sich verbreitet haben, gewiß nicht nur auf literarischem Wege, sondern lange vor der historischen Zeit, lange bevor die Erzählungen des Pantschatantra zu uns kamen. Das frühe Auftauchen solcher Fabeln in verschiedenen Teilen der Welt wäre ohne die Annahme eines vorhistorischen Austausches kaum erklärlich. Im Gefolge von Karawanenverkehr und Völkerzügen werden sie, lange bevor man an ihre Aufzeichnung dachte, ihren Weg nach Ost und West als kostbare Unterhaltungsstoffe genommen haben. An Halteplätzen, am Lagerfeuer, auf langer, ermüdender Seefahrt werden jene Reisegefährten am willkommensten gewesen sein, die durch ihr Erzählertalent die Langeweile zu vertreiben oder zu verkürzen verstanden, und diese Unbekannten dürften dazu beigetragen haben, die Fabeln über die Welt zu verteilen, wie Wind, Wasser und Tiere den Samen der Pflanzen unmerkbar weithin verstreuen.

Engere Kreise hat die Beobachtung interessiert, daß die Philosophie der Gnostiker unter indischem Einfluß stand; nicht ohne Grund hat man die Meinung vertreten, daß Pythagoreische Lehren in Indiens Boden wurzeln. Mit mehr oder weniger Recht ist die

Ansicht vertreten worden, daß die Evangelien, besonders die Apokryphen, Anklänge an die buddhistische Überlieferung enthalten, und man sucht nach den Wegen, auf denen die Berührung möglich gewesen sei.

Eine neue Welle indischen Geistes ergoß sich über den Westen, als nach der Eroberung Indiens durch die Engländer britische Staatsmänner und Richter sich in die alten, einheimischen Quellen des Rechtes vertieften, um eine Grundlage für ihre Rechtsprechung zu finden oder das Wesen der Unterworfenen kennenzulernen, und als sie diese Quellen in der heiligen Sprache des Landes, im Sanskrit, fanden. Die genauere Bekanntschaft europäischer Kreise mit der alten Kultur Indiens dauert seit jener Zeit. Das Interesse für die zutage geförderten Schätze in Dichtung und Wissenschaft bewegte die Welt und weckte die Begeisterung von Herder, Goethe, W. von Humboldt, der sich dem Studium des großen Lehrgedichts, der Bhagavadgita mit solcher Liebe hingab, daß er die Freude und Genugtuung, Sanskrit gelernt zu haben, mit keinem anderen Gut und keiner anderen Freude vergleichen wollte. Das Bekanntwerden der altindischen Grammatiker mit ihrer eindringenden und genialen Behandlung der Wortlehre befruchtete das Studium der Grammatik und führte zum Aufbau der vergleichenden Sprachwissenschaft, die seither in Deutschland ihre zahlreichsten und eifrigsten Jünger gefunden hat.

Einige Jahrzehnte später schlug eine weitere Welle von Indien her an unseren Strand: der Buddhismus. Der Name seines Stifters war Goethe noch unbekannt. Noch ruhten in den Klöstern und in den Händen der buddhistischen Priester von Ceylon, Birma und Siam die auf Palmblätter in singhalesischen oder birmanischen Schriftzeichen geschriebenen ältesten Quellen seiner Lehre in deren einfachster und ursprünglichster Form; der Buddhismus hatte dort im Süden seine Zuflucht behalten, als der gegnerische und volkstümlichere Brahmanismus im eigentlichen Indien wieder sein Haupt erhob und zu unumschränkter Macht gelangt war. Was wir über Buddhas Lehre zuerst erfuhren, enstammte brahmanischen und späteren Schriften, deren Verfasser ihre Gegner nicht mit unparteiischen Augen beurteilten, oder es floß aus Übersetzungen tibetanischer und mongolischer Texte, die den sogenannten „Nördlichen Buddhismus" darstellen. Über diesen kam die erste sichere Kunde aus Nepal, wo der damalige englische Ministerresident, Brian Houghton Hodgson, in Klöstern, Tempeln oder Privatbesitz zahlreiche Sanskrithandschriften entdeckte und europäischen Gelehrten zugänglich machte. Der französische Forscher Burnouf war der erste, der auf diesem Felde tätig war. Seither hat sich auf dem Gebiete der nördlichen Literatur, die aus Sanskrit- und Dialektwerken, aus Übersetzungen in das Tibetische und Chinesische besteht und nicht nur Kenner des Sanskrit, sondern auch des Tibetischen und Chinesischen als Mitarbeiter verlangt, lebhafte Tätigkeit entfaltet.

Diese Schriften, die überwiegend für die Geschichte und Einwirkung des Buddhismus in den nördlichen Ländern Bedeutung besitzen, haben den buddhistischen Grundgedanken mit den Anschauungen neuentstandener Sekten oder Schulen erweitert und umgestaltet und an Stelle der einfachen Lehre eine neue Götterwelt gesetzt. So wichtig sie nach vielen Richtungen hin sind, bleibt doch für die Erkenntnis des ursprünglichen Buddhismus, für die Anfänge der Lehre die im Süden gefundene Paliliteratur die wichtigere; sie hat auch fast allen Werken, die vom Buddhismus handeln, vorläufig mit Recht als Grundlage gedient.

Dem großen Palikenner Rhys Davids, der viele Jahre in Ceylon als Beamter lebte, ist es zu verdanken, wenn durch die von ihm ins Leben gerufene Palitextgesellschaft wie durch seine und seiner Mitarbeiter eifrige Tätigkeit die große Mehrzahl dieser Texte im Druck vorliegt. Es ist das Verdienst Hermann Oldenbergs, der den einen der buddhistischen „drei Körbe" ganz allein herausgegeben hat, wenn durch seinen, in vielen Auflagen erschienenen „Buddha" Gestalt und Lehre des Weisen von Kapilavastu aus dem Dunkel der Vergangenheit wieder helleuchtend emporgestiegen ist. Oldenbergs Buddha beruht bei einiger Überschwänglichkeit in der Darstellung auf gesundem Urteil und gründlichster Kenntnis der Quellen, so daß er zuerst die Unklarheiten und Nebel hinweggefegt hat, die sich vielfach um die Erkenntnis des alten Buddhismus gebreitet haben. Durch ihn und seine Nachfolger (E. Hardy, Pischel, H. Beckh, Grimm, Seidenstücker und andere) ist Buddha in Deutschland eine populäre Erscheinung geworden, die Theologen und Philosophen, Religionsforscher und Philologen in gleicher Weise beschäftigt, in weiten Kreisen aber auch überfliegende

Gedanken oder Hoffnungen anregt, die von der Gelehrtenwelt im allgemeinen nicht oder nur ausnahmsweise geteilt werden.

Die vorliegende kleine Schrift, in Zeit und Raum beschränkt, hat es nicht zur Aufgabe, jene Bücher zu ersetzen, sondern sich an weitere Kreise zu wenden, die Fachkenntnisse nicht besitzen; sie bekennt aber gern ihre Dankbarkeit und Verpflichtung gegen die Darstellung jener Gelehrten und die Übersetzung ganzer Schriften oder einzelner Teile durch Otto Franke, K. E. Neumann, Oldenberg, Seidenstücker, Rhys Davids u. a. Über den nördlichen Buddhismus schrieb Köppen ein seinerzeit ausgezeichnetes und auch heute noch in seinem zweiten Teil nicht überholtes, stets mit Genuß zu lesendes Werk. Außer ihm ist noch H. Kern zu nennen.

Das Einströmen buddhistischer Gedanken in die deutsche Welt hat einen tiefen Eindruck nicht nur auf religiöse Naturen ausgeübt, sondern in Kreisen von Dichtern und Komponisten schöpferisch gewirkt. Wenn man bei uns von einer materiellen Zeit spricht, so wird man doch auch mit Genugtuung feststellen dürfen, daß der tiefgehende Einfluß, den der Buddhismus geübt hat, auf idealen Motiven beruht. Einen ersten Versuch, diesen Einfluß zu schildern, hat Slepčevič in seiner Dissertation gemacht, der den Stoff in drei Teilen darstellt und zuerst den Buddhismus in Deutschland, sodann Buddha im deutschen Epos und Drama, zuletzt die allgemeine buddhistische Dichtung schildert. Unter den von ihm behandelten Autoren finden wir Namen ersten Ranges, wie Richard Wagner auf musikalischem oder Gjellerup auf literarischem Gebiet, und wir müssen dem Verfasser dankbar für die hier erstmalig gesammelte Fülle des Stoffes sein und gern die einzelnen Lücken und Fehler seiner Schrift übersehen. Der Buddhismus verdankt das lebhafte Interesse nicht allein dem Pessimismus seiner Lehre, die in gewissem Umfange mit den Anschauungen moderner Philosophen oder Modeströmungen sich zu berühren schien, sondern ebenso dem Hochsinn seiner Ethik, der allerdings nur scheinbaren Dogmenlosigkeit, der Milde und Duldsamkeit in Verbindung mit dem Zauber der Originalität, nicht zuletzt dem großen von ihm ausstrahlenden Einfluß auf die Religions- und Kulturgeschichte des Fernen Ostens. Unsere Anteilnahme an der Geistesentwicklung Indiens beruht zum großen Teil auf der Selbständigkeit seines Denkens, das, ohne auf fremde Vorbilder zu schauen, seine eigenen Ideale schuf und verfolgte.

Gewiß ist es eine merkwürdige Tatsache, daß jetzt nach mehr als zweitausendjähriger Vergangenheit, nach nahezu vollständiger Verdrängung der Lehre aus ihrer Heimat, der Sohn eines vornehmen Geschlechts, der Reichtum und Glanz verließ, um „in die Heimatlosigkeit" zu ziehen, nun im Safrangewande des Bettelmönches an unserer Tür erscheint und Einlaß begehrt. Es wird nur oft vergessen, daß Buddha nur einer, wenn auch der größte, war von den vielen geistigen Lehrern, die dem Boden Indiens mit seiner reichen Instrumentierung religiösen Denkens entstammten, und daß ferner neben jenen, die die Welt verließen, die weit überwiegenden Millionen anderer standen, die in ihrer Mitte blieben und wirkten, und die, welche ihre Geschicke leiteten.

Es ist oben schon gesagt, daß neben seiner und seinesgleichen Lehre „das Lehrbuch der Politik" stand, das in erster Linie der staatsmännischen Kunst und ihrer harten Hand gehörte. Das Interesse an Buddha sollte nicht zu dem Irrtum verleiten, daß das alte Indien nur ein Land religiöser Ideale oder weltflüchtiger Idealisten war. In der damaligen Wirklichkeit aber war es nicht nur ein Land der Religionen, sondern auch des Handelns.

*

Ein populärer Darsteller des Buddhismus sieht sich schließlich auch der Frage gegenübergestellt — und ihre Beantwortung scheint in gewissem Umfange notwendig —, wie sich Christentum und Buddhismus zueinander verhalten und voneinander unterscheiden. Nicht auf alle hier sich ergebenden Punkte soll eingegangen, sondern nur einige der wesentlichsten hervorgehoben werden.

Die neuentstandene Bewegung, die den Buddhismus europäischen Herzen nicht nur verständlich machen, sondern auch religiös nahebringen und um sie werben will, hat viele Gemüter ergriffen und aufrichtig suchende Menschen zu seinen Anhängern gemacht. Der Eifer, die reine Hingebung der Verehrung hat nicht nur Zeitschriften zur Verbreitung des Buddhismus und große, dem gleichen Zweck dienende Gesellschaften gegründet, sondern auch in Europa Klöster und Tempel errichtet, um dem Dhamma eine Stütze zu bereiten.

Ursprung und geschichtliche Entwicklung bedingen an und für sich schon einen tiefen Unterschied beider Religionen. Grundriß wie Fassade gleichen sich nicht. Christus ist aus armem, geringem Hause geboren und als Kindlein verfolgt; Buddha stammt aus einer der vornehmen, wenn nicht der vornehmsten Familie der Schakya. Christus stirbt jung am Kreuz, Buddha als Achtziger unverfolgt am Lebensabend. Der erste Lebensweg Jesu ist mit Ausnahme der Jugendepisode von seinem Auftreten im Tempel unbekannt; Buddhas eingehende Kenntnis der Sankhya- und Yogaphilosophie läßt sich aus seinen ,,Reden" erschließen und ist auch, wenigstens für den Yoga, bezeugt. Größer sind die Gegensätze des religiösen Gedankens. Der Christ setzt die Hoffnung auf ein ewiges Leben, ein Reich des Vaters und des Sohnes; der Buddhist setzt das Ende der Seelenwanderung und das Aufhören des Leidens als Ziel. Jener hat das Gebet und als heiligstes das Vaterunser, dieser kennt keine anderen Götter als die, welche dem Menschen gleich nach Erlösung aus den Samsara erstreben, und setzt an Stelle des Gebetes die Meditation, die Versenkung. Christus ist der Mittler zwischen Gott und den Menschen, der den Weg zum Vater zeigt; hier kein Mittler, sondern der Mensch muß mit eigener Kraft den von Buddha gewiesenen Weg der Befreiung gehen. Dort die Anbetung im Tempel oder Gottesdienst, hier nur gewisse Beichtfeiern, zu der die Mönche sich versammeln. Im Christentum der Glaube an die Seele, die der Buddhismus ablehnt. Dort die göttliche Gnade und Barmherzigkeit, die die Sünde tilgt, hier die Kenntnis der Kette von Ursache und Wirkung, der vier Wahrheiten und des achtfachen Weges. Dort der Optimismus des

Glaubens an die Liebe Gottes, dessen Hand die Welt leitet und den Menschen durch Not und Trübsal zum Heil führt; hier die Lehre, daß Leben Leiden und ihm zu entrinnen des Menschen einziges Ziel sei. Dort die Erlösung, einem jeden zugänglich, der strebend sich bemüht, hier dem Mönch vorbehalten, der der Welt entflieht, während der Laie, sei er der buddhistischen Lehre noch so ergeben und durch Werke der Wohltätigkeit noch so ausgezeichnet, nach dem Tode zur Welt zurückkehrt und je nach seinen Werken in der Regel einen höheren Rang in der Staffelung der Wesen einnehmen wird. Das Christentum gibt unmittelbar seine Verheißung auch dem inmitten der Welt Stehenden und macht keinen Unterschied zwischen Klerikern und Laien.

Gemeinsam ist beiden die hohe und ideale Ethik, die, wenn sie befolgt wird, beide Religionen zu Volkserziehern macht. Der Buddhismus lehrt: „Du sollst nicht töten (auch das Tier nicht), du sollst nicht stehlen, nicht unkeusch leben, nicht lügen, nicht berauschende Tränke trinken", fast ebenso das Christentum. Aber in diesem ist die Sittenlehre die Folge des Glaubens, im Buddhismus nur eine vorbereitende Stufe, den Geist zum Samadhi, der Versenkung, geeignet zu machen. Noch weniger vermögen wir das Ideal der buddhistischen Ethik zu verstehen, wenn wir an die Erzählung von Vessantara denken, die eine der verbreitetsten und beliebtesten Erzählungen der buddhistischen Welt ist und auf den Denkmälern von Boro-Budur, dem berühmten Merkzeichen des buddhistischen Glaubens auf Java, seine künstlerische Verherrlichung gefunden hat. Sie stellt Buddha in der vorletzten seiner Geburten dar, in der er als Sohn eines Königs auf die Welt gekommen ist und, um die Buddhawürde zu erreichen, alles dahingibt, was man von ihm verlangt. An eine Gesandtschaft aus fernem Lande verschenkt er den erbetenen weißen Elefanten, dessen Anwesenheit Regen bringt, und wird auf Wunsch des eigenen, mit solchem Verschenken unzufriedenen Volkes verbannt. Mit ihm ziehen Frau und Kinder. Am anderen Morgen verteilt er alle seine Habe an die zusammengerufenen Bettler, verschenkt unterwegs Wagen und Pferde und setzt mit den Seinen auf harten Wegen zu Fuß seine Wanderung fort. Alle leben, wie Asketen gekleidet, an dem Ort ihrer Verbannung. Da kommt ein alter Brahmane, erbittet sich die beiden Kinder, erhält sie von dem Prinzen, der enzückt ist, etwas Wertvolleres als Wagen und Elefanten verschenken zu können, und treibt sie unter Stockschlägen fort. Gott Indra gerät in Sorge, daß Vessantara selbst seine Gattin wegschenken würde; er verkleidet sich als Brahmane, geht hin, um um sie zu bitten, erhält sie auch, läßt sie aber als sein Eigentum bei ihm zurück.

Wunderlicher noch und unverständlicher ist die Geschichte von dem schönen Prinzen Kunala, dem Aschokasohn, der der Rache seiner Stiefmutter verfiel, weil er ihre Nachstellungen zurückwies. Ihr war von dem Gemahl bei der Genesung von schwerer Krankheit eine Bitte freigestellt, und sie erbat sich die Erlaubnis, eine Woche die Regierung zu führen. Während dieser Zeit erteilte sie den Befehl, dem Prinzen die Augen auszureißen, und untersiegelte den Befehl mit einem dem Könige heimlich entwendeten

Ring. Niemand brachte es über sich, selbst die Henkersknechte nicht, es auszuführen, obwohl der Prinz selbst dem ein Geschenk versprach, der seines Vaters vermeintlichen Willen vollziehen würde. Endlich fand sich ein widerlicher Mensch zu der Tat bereit. Was tat Kunala? Er nahm den Augapfel in seine Hand. „Warum siehst du nicht mehr die Gestalten, die du noch eben sahst, gemeiner Fleischklumpen? Die Toren betrügen sich und verdienen schweren Tadel, die an dir hängen und denken: ‚Das bin ich.' Jene, die allezeit achtsam, in dir nur etwas sehen, was einer Blase gleicht, entgehen dem Leiden." Und ähnlich bei dem Verlust des zweiten Auges: „Wenn auch das Auge von Fleisch mir entrissen ist, so habe ich dafür das reine, tadellose Auge der Weisheit erlangt."

Die sehr berühmte Erzählung hat auch im Westen eine Parallele. Man hat sie bei uns schön oder rührend genannt. Nach meiner Meinung bedeutet sie einen Abweg menschlichen Empfindens, der Buddha selber gewiß fremd war, von dem die Überlieferung solches nicht erzählt.

Aber auch abgesehen von diesen Empfindungswerten bleibt ein Unterschied zwischen der Atmosphäre, die die christliche wie die buddhistische Ethik umgibt. Die stille, heilige „Affektlosigkeit", die stille Seligkeit des Nirvana, frei von aller Leidenschaft und Erregung, spricht sich auch in der Sittenlehre aus. Während das Neue Testament die Liebe gegen die Feinde predigt, lehrt der Buddhismus, wie die zahlreichen Dhammasprüche zeigen, die Abkehr von Liebe und Haß: durch Nichtzürnen bezwinge den Zorn. „Wem hundert Dinge lieb sind," sagt er zu

Visakha im Anschluß an den Tod eines Enkels, „der
erfährt hundert Schmerzen; wem neunzig Dinge lieb
sind, der erfährt neunzig Schmerzen; wem eins lieb
ist, der erfährt einen Schmerz; wem nichts lieb ist,
erfährt keinen ... Darum sind die glücklich und
sorgenlos, für die es nichts Liebes gibt in der Welt."
Der Auferweckung von Jairus' Töchterlein steht
die Erzählung von Kisagotami gegenüber, die zu den
reizvollsten dieser Art trotz ihrer späteren Überlieferung gehört und auch schon von Rhys Davids in
seinem Buddhismus aufgenommen ist. Kisagotami
hatte ihr Söhnchen in dessen frühester Jugend verloren. Sie hatte den Tod noch nicht gesehen und
wehrte den Männern, die den toten Körper nehmen
und zur Verbrennungsstelle tragen wollten. Sie
nahm das Kindchen und wanderte von Haus zu Haus.
„Wißt ihr nicht ein Heilmittel für meinen Sohn?"
und erhielt stets zur Antwort: „Du bist irre; du
wanderst umher und fragst nach einem Heilmittel
für deinen Sohn, der tot ist." Sie aber sagte bei sich:
„Gewiß werde ich einen finden, der ein Heilmittel
kennt", bis sie einen erfahrenen Mann sah, der bei
sich dachte: „Diese meine Tochter hat gewiß ihren
ersten Sohn geboren", und zu ihr sagte: „Ich weiß
kein Heilmittel, meine Tochter, aber ich weiß jemand, der eins kennt." — „Wer weiß eines, Väter-
chen?" — „Der Meister; gehe und frage ihn, mein
Kind!" — Sie ging hin und fragte. — „Ich weiß eins",
erwiderte der Meister. „Hole eine Fingerspitze voll
Senfkörner." — „Ich will sie holen, aber in wessen
Haus soll ich sie holen?" — „In einem Hause, wo
weder ein Sohn noch eine Tochter noch irgend

jemand vorher gestorben ist." Sie ging von Haus zu Haus und wiederholte immer wieder die Frage, ob dort jemand zuvor gestorben sei. Aber überall wurde ihr die gleiche Antwort: „Was sagst du, Tochter? Der Lebenden sind wenige, der Toten viele." Da dachte sie sich am Abend: „Im ganzen Dorf sind die Toten zahlreicher als die Lebenden." Es verhärtete sich ihr Herz, das von Liebe zu ihrem Kinde weich war; sie warf das Kind in den Wald und begab sich zum Meister: „Ich habe, Herr, die Fingerspitze voll Senfkörner nicht erhalten; die Leute sagen, der Lebenden sind nur wenige, der Toten viele." — „Und du meintest, nur dein Sohn ist gestorben? Das ist ein ewiges Gesetz für alles, was lebt: König Tod reißt alle Wesen, ehe ihre Wünsche erfüllt sind, gleich einer großen Wasserwoge in das Meer des Kummers."

In letzter Zeit ist hervorgehoben worden, daß wie das Christentum so auch der Buddhismus als Kardinaltugend die Liebe aufstelle. Oldenberg hat schon den Gedanken abgelehnt. Die kühle, Haß und Liebe gleichzeitig vermeidende und Gleichgültigkeit verlangende Atmosphäre des Buddhismus ist dieser Idee ferngeblieben. Das indische Wort ist nicht „Liebe", sondern: metta = „Freundschaft", „Güte", „Wohlwollen".

Wenn ein Text ermahnt, gegen alle Wesen unendliche „Liebe" zu zeigen, wie eine Mutter ihr einziges Kind mit dem Leben beschützt, so zeigt sich in dem Hinweis auf die „mütterliche" Liebe die Verschiedenheit der Auffassung. Wenn Buddha den auf ihn losstürmenden Elefanten „mit dem Geist der Liebe durchdringt" und der dann vor Buddha stehenbleibt, so ist das nicht die Empfindung, die wir mit dem Wort Liebe bezeichnen. In dem deutschen Wort „Liebe" vereinigen sich ganz verschiedene Begriffe, während das Wort metta unzweideutig ist und nichts von dem seelischen Affekt hat, den wir mit dem Wort „Liebe" verbinden. Oldenberg bemerkt richtig, daß das buddhistische metta immer die Kühle bewahre, nie den Geist inbrünstigen Erfassens und Umfassens zeige, sondern sich dessen bewußt bleibe, daß das Endziel des Buddhisten davon verschieden ist. Das buddhistische Wohlwollen erstreckt sich auf alle Wesen.

Während diese Gegenüberstellung nur einem möglicherweise vorhandenen Bedürfnis nach einem Überblick entgegenkommt, ist die Frage, wieweit Beeinflussungen der Evangelien durch den Buddhismus stattgefunden haben, von tiefgreifender historischer Bedeutung. Die Möglichkeit dieser Einwirkung ist nicht abzustreiten; denn auf mancherlei Wegen, die unsere Quellen nicht kennen, wird sich ein Ausgleich auch geistiger Güter zwischen Orient und Okzident vollzogen haben. Wir wissen es aus dem Auftreten alter Märchen, für die Übergänge in historischer Zeit sich nicht nachweisen lassen und doch bestanden haben müssen. Es wird auch Wege gegeben haben, auf denen Einflüsse des Buddhismus sich geltend machen konnten, ohne daß wir ganz von der Sicherheit ihres Vorhandenseins überzeugt sind.

Die, welche zuerst das Problem behandelten, haben zu schnell ihre Schlüsse gezogen und das Christentum nahezu als veredelten und geläuterten Buddhismus behandeln wollen. Rudolf Seydel hat in den kanonischen und apokryphischen Evangelien gegen

51 Parallelen ermitteln zu können geglaubt, von denen viele aber aus dem gleichen Zustand religiöser Entwicklung, aus der Gleichartigkeit der Umstände sich erklären lassen und andere wieder auf scheinbarer Ähnlichkeit beruhen. Die Lehre von der Präexistenz Jesu zum Beispiel läßt sich nicht mit den früheren Geburten Buddhas vergleichen, der in verschiedenen Zeitaltern, wie alle Wesen, verschiedene Stadien der Seelenwanderung durchlief und sich bald als Gott, bald als Tier, bald als Mensch zeigte, während Christus immer derselbe bleibt. Spätere Gelehrte haben der wichtigen Frage sorgfältige Aufmerksamkeit gewidmet und sind zu weniger kühnen Schlüssen gekommen. Der Holländer Bergh van Eysinga zum Beispiel hat die 51 Fälle Seydels auf 9 eingeschränkt, R. Garbe in seinem ausgezeichneten Werk „Indien und das Christentum" läßt nur noch vier als entlehnt oder beeinflußt gelten, nämlich die Erzählung 1. vom greisen Simeon im Tempel und dem großen Heiligen Asita mit seiner Verherrlichung des Buddhakindes, 2. die Versuchungsgeschichten, 3. das Meerwandeln Petri und 4. das Brotwunder. Mir scheint, daß auch diese Zahl noch zu reduzieren ist und als einigermaßen gesicherte Entlehnung nur das Meerwandeln Petri gelten kann. Die Ethnographie hat gezeigt, daß sich an ganz entfernten Stellen der Erde gleiche Vorstellungen und Erscheinungen vorfinden, die miteinander nicht in Zusammenhang stehen, sondern bodenständig sind, daher die große, von allen Indologen geübte Vorsicht durchaus am Platze ist. Als ausgeschlossen sehen aber auch sie solche Motivwanderungen oder Beeinflussungen nicht an; immer

deutlicher tritt der Verkehr zwischen Ost und West uns vor die Augen durch die unerwarteten Entdeckungen der jüngsten Vergangenheit in dem Gebiet von Turkestan.

Auf gesicherterem Boden stehen wir in bezug auf die Apokryphen des Neuen Testamentes und der christlichen Legendenliteratur. Durch eindringende Forschung und umfassende Belesenheit sind hier Zusammenhänge direkter Beeinflussung nachgewiesen worden, über die das schon erwähnte Buch von R. Garbe eine kritische Übersicht gibt. Es sei gestattet, hier nur darauf zu verweisen. Die Geschichte von Barlaam und Josaphat, deren Grundlage christlich, deren Rahmen buddhistisch ist, war im Mittelalter ein Lieblingsbuch der Christenheit, und doch ist Josaphat ein indischer Name, der aus Bodhisattva umgestaltet und entstellt in den römischen Heiligenkalender übergegangen ist. Die oben erwähnte Erzählung von Vessantara hat das Grundmotiv der Eustachius-Placidus-Legende abgegeben, die Geschichte von Christophorus hat eine von Spejer nachgewiesene Parallele in einem der Dschataka und weist auf indischen Ursprung hin.

Bisher in der Reihe erschienen:

Reihe ReligioSus

Herausgegeben und mit einem Vorwort versehen von
Christiane Beetz

Band I:
Paul Kalkoff: **Ulrich von Hutten und die Reformation:**
Eine kritische Geschichte seiner wichtigsten Lebenszeit und
der Entscheidungsjahre der Reformation (1517 - 1523)
ISBN: 978-3-942382-52-6
624 Seiten 49,50 €

Band II:
Manfred Köhler: **Melanchthon und der Islam:**
Ein Beitrag zur Klärung des Verhältnisses zwischen
Christentum und Fremdreligionen in der Reformationszeit
ISBN: 978-3-942382-89-2
176 Seiten 29,50 €

Band III:
Richard Zoozmann: **Hans Sachs und die Reformation:**
In Gedichten und Prosastücken
ISBN: 978-3-942382-82-3
200 Seiten 29,50 €

Band IV:
Paul Dahlke: **Buddhismus als Religion und Moral**
ISBN: 978-3-86347-014-2
360 Seiten 39,50 €

Band V:
Thomas Achelis: **Die Religionen der Naturvölker im Umriß**
ISBN: 978-3-86347-049-4
176 Seiten 29,50 €

Band VI:
Julius Wellhausen: **Isralitische und Jüdische Geschichte**
ISBN: 978-3-86347-152-1
444 Seiten 59,50 €

Band VII:
Ignaz Goldziher: **Der Mythos bei den Hebräern und seine geschichtliche Entwicklung**
ISBN: 978-3-86347-063-0
408 Seiten 59,50 €

Band VIII:
Richard M. Meyer: **Altgermanische Religionsgeschichte**
ISBN: 978-3-86347-173-6
676 Seiten 59,50 €

Band IX:
Mohammed Ibn Ishak: **Das Leben Mohammeds**
ISBN: 978-3-86347-187-3
128 Seiten 29,50 €

SEVERUS Verlag, Imprint der Diplomica Verlag GmbH | Hermannstal 119k

D-22119 Hamburg | kontakt@severus-verlag.de | T: +49-40-655 99 20

Ebenfalls im SEVERUS Verlag erhältlich:

Leo Frobenius
Indische Reise
Ein philosophisches Tagebuch
SEVERUS 2011 / 332 S. / 39,50 Euro
ISBN 978-3-86347-196-5

„Größer und immer herrlicher werden die Bilder, die sich der Augen der in die ferne Blickenden am Horizonte der Weltgeschichte zeigen. Bisher ungeahnte Welten steigen aus dem Nichts empor."

Befreit von einer wissenschaftlichen Herangehensweise schwärmt der Ethnologe Leo Frobenius in diesem 1931 erstmals erschienenen Reisetagebuch von den Eindrücken seines Indienbesuches.
In enthusiastischen, wenn nötig aber auch kritischen Tönen gelingt es dem wortgewaltigen Erzählkünstler geschickt indische Geschichte, überlieferte Bräuche und ethnologische Beobachtungen mit persönlichen Erlebnissen zu verknüpfen und so ein lebendiges Bild eines Indiens zwischen Jahrtausende alten Traditionen, englischer Fremdherrschaft und eigenem Befreiungskampf zu zeichnen.

Leo Frobenius (1873–1938) galt als populärster deutscher Ethnologe des jungen zwanzigsten Jahrhunderts. Seine Bücher erreichten hohe Auflagen und Persönlichkeiten wie Hermann Hesse, Elias Canetti und Thomas Mann zählten zu seinen Bewunderern. In Zeiten von Kolonialismus und Kulturimperialismus war Frobenius einer der ersten Europäer, die die afrikanische Kultur und Geschichte als mindestens gleichwertig betrachteten und somit eine kulturell tradierte Identität der Schwarzafrikaner akzeptiert.

www.severus-verlag.de

Bisher im SEVERUS Verlag erschienen:

Achelis. Th. Die Entwicklung der Ehe * Die Religionen der Naturvölker im Umriß, Reihe ReligioSus Band V * **Alterton, Margaret** Origins of Poe's critical theory * **Andreas-Salomé, Lou** Rainer Maria Rilke * **Anschütz, Richard** Der Chemiker August Kekule - Band 1: Leben und Wirken * **Arenz, Karl** Die Entdeckungsreisen in Nord- und Mittelafrika von Richardson, Overweg, Barth und Vogel * **Aretz, Gertrude (Hrsg)** Napoleon I - Briefe an Frauen * **Ashburn, P.M** The ranks of death. A Medical History of the Conquest of America * **Avenarius, Richard** Kritik der reinen Erfahrung * Kritik der reinen Erfahrung, Zweiter Teil * **Baden, Prinz Max von** Prinz Max von Baden. Erinnerungen und Dokumente. Reihe Deutsches Reich Bd. VIII/I * Prinz Max von Baden. Die moralische Offensive. Deutschlands Kampf um sein Recht. Reihe Deutsches Reich Bd. VIII/II * **Baerwald, Richard** Okkultismus und Spiritismus und ihre weltanschaulichen Folgen * **Baker, Ernest A.** The history of the English Novel: The novel of sentiment and the gothic romance * **Batty, Beatrice** Forty-two years among the Indians and Eskimo * **Bayern, Therese von** Reisestudien aus dem westlichen Südamerika von Therese Prinzessin von Bayern Bd. 1 * Bd. 2 * **Beneke, Otto** Von unehrlichen Leuten: Kulturhistorische Studien und Geschichten aus vergangenen Tagen deutscher Gewerbe und Dienste * **Berneker, Erich** Graf Leo Tolstoi * **Bernstorff, Graf Johann Heinrich** Erinnerungen und Briefe * **Bie, Oscar** Franz Schubert - Sein Leben und sein Werk * **Binder, Julius** Grundlegung zur Rechtsphilosophie. Mit einem Extratext zur Rechtsphilosophie Hegels * **Bliedner, Arno** Schiller. Eine pädagogische Studie * **Birt, Theodor** Character der Antike * **Bismarck, Otto von** Otto Fürst von Bismarck. Bismarcks Briefwechsel mit dem Minister Freiherrn von Schleinitz 1858-1861, Reihe Deutsches Reich Bd. I/IV * **Blümner, Hugo** Fahrendes Volk im Altertum * **Bodelschwingh, Friedrich** Friedrich Bodelschwingh (1831-1910): Ein Blick in sein Leben * **Boltzmann, Ludwig** Populäre Schriften * **Boos, Heinrich** Geschichte der Freimaurerei. Ein Beitrag zur Kultur- und Literatur-Geschichte des 18. Jahrhunderts * **Brahm, Otto** Das deutsche Ritterdrama des achtzehnten Jahrhunderts: Studien über Joseph August von Törring, seine Vorgänger und Nachfolger * **Brandes, Georg** Moderne Geister: Literarische Bildnisse aus dem 19. Jahrhundert. * **Braun, Lily** Lebenssucher * **Braun, Ferdinand** Drahtlose Telegraphie durch Wasser und Luft * **Bretschneider, Emil** Archaeological and Historical Researches on Peking and its Environs * History of European Botanical Discoveries in China * **Brunnemann, Karl** Maximilian Robespierre - Ein Lebensbild nach zum Teil noch unbenutzten Quellen * **Büdinger, Max** Don Carlos Haft und Tod insbesondere nach den Auffassungen seiner Familie * **Burkamp, Wilhelm** Wirklichkeit und Sinn. Die objektive Gewordenheit des Sinns in der sinnfreien Wirklichkeit * **Byloff, Fritz** Hexenglaube und Hexenverfolgung in den österreichischen Alpenländern * **Caemmerer, Rudolf Karl Fritz** Die Entwicklung der strategischen Wissenschaft im 19. Jahrhundert * **Caprivi, Leo Graf von (Hrsg. Rudolf Arndt)** Leo Graf von Caprivi. Die Reden des Grafen von Caprivi, Reihe Deutsches Reich Bd. II/I * Die Reden des Grafen von Caprivi im Deutschen Reichstage, Preußischen Landtage und bei besonderen Anlässen. 1883 - 1893. Mit der Biographie und dem Bildnis. * **Casper, Johann Ludwig** Handbuch der gerichtlich-medizinischen Leichen-Diagnostik: Thanatologischer Teil, Bd. 1 * Bd. 2 * **Cronau, Rudolf** Drei Jahrhunderte deutschen Lebens in Amerika. Eine Geschichte der Deutschen in den Vereinigten Staaten * **Cunow, Heinrich** Geschichte und Kultur des Inkareiches * **Cushing, Harvey** The life of Sir William Osler, Volume 1 * The life of Sir William Osler, Volume 2 * **Dahlke, Paul** Buddhismus als Religion und Moral, Reihe ReligioSus Bd. IV * **Darmstaedter, Ludwig/du Bois-Reymond, René** Geschichte der exakten Wissenschaften und Technik von der vorchristlichen Zeit bis zum Beginn des 20. Jahrhunderts * **Decsey, Ernst** Hugo Wolf * Bruckner - Versuch eines Lebens * **Droysen, Johann G.** Grundriss der Historik: Vorlesungen zur Geschichtswissenschaft und Methodik * **Dühren, Eugen** Der Marquis de Sade und seine Zeit. in Beitrag zur Kultur- und Sittengeschichte des 18. Jahrhunderts. Mit besonderer Beziehung auf die Lehre von der Psychopathia Sexualis * **Eckardt, Julius von** Leo Graf von Caprivi. Bismarcks Kampf gegen Caprivi, Reihe Deutsches Reich, Bd. II/II * Aus den Tagen von Bismarcks Kampf gegen Caprivi. Erinnerungen von Julius von Eckardt * **Eckstein, Friedrich** Alte, unnennbare Tage. Erinnerungen aus siebzig Lehr- und Wanderjahren * Erinnerungen an Anton Bruckner * **Eiselsberg, Anton Freiherr von** Lebensweg eines Chirurgen * **Eloesser, Arthur** Thomas Mann - sein Leben und Werk * **Elsenhans, Theodor** Fries und Kant. Ein Beitrag zur Geschichte und zur systematischen Grundlegung der Erkenntnistheorie. * **Engel, Eduard** Shakespeare * Lord Byron. Eine Autobiographie nach

www.severus-verlag.de

Tagebüchern und Briefen. * **Ewald, Oscar** Nietzsches Lehre in ihren Grundbegriffen * Die französische Aufklärungsphilosophie * **Ferenczi, Sandor** Hysterie und Pathoneurosen * **Fichte, Immanuel Hermann** Die Idee der Persönlichkeit und der individuellen Fortdauer * **Fourier, Jean Baptiste Joseph Baron** Die Auflösung der bestimmten Gleichungen * **Frazer, James George** Totemism and Exogamy. A Treatise on Certain Early Forms of Superstition and Society * **Frey, Adolf** Albrecht von Haller und seine Bedeutung für die deutsche Literatur * **Frimmel, Theodor von** Beethoven Studien I. Beethovens äußere Erscheinung * Beethoven Studien II. Bausteine zu einer Lebensgeschichte des Meisters * **Frobenius, Leo** Indische Reise * **Fülleborn, Friedrich** Über eine medizinische Studienreise nach Panama, Westindien und den Vereinigten Staaten * **Gmelin, Johann Georg** Quousque? Beiträge zur soziologischen Rechtfindung * **Goette, Alexander** Holbeins Totentanz und seine Vorbilder * **Goldstein, Eugen** Canalstrahlen * **Goldziher, Ignaz** Der Mythos bei den Hebräern und seine geschichtliche Entwicklung, Reihe ReligioSus Bd. VII * **Graebner, Fritz** Das Weltbild der Primitiven: Eine Untersuchung der Urformen weltanschaulichen Denkens bei Naturvölkern * **Griesinger, Wilhelm** Handbuch der speciellen Pathologie und Therapie: Infectionskrankheiten * **Griesser, Luitpold** Nietzsche und Wagner - neue Beiträge zur Geschichte und Psychologie ihrer Freundschaft * **Grubb, Wilfried Barbrooke** An unknown people in an unknown land: The Indians of the Paraguayan Chaco * **Halbfaß, Wilhelm** Wilhelm Halbfaß (1856 - 1938): Mathematiker, Physiker und Hydrogeograph. Eine Autobiographie * **Hanstein, Adalbert von** Die Frauen in der Geschichte des Deutschen Geisteslebens des 18. und 19. Jahrhunderts * **Hartmann, Franz** Die Medizin des Theophrastus Paracelsus von Hohenheim * **Heller, August** Geschichte der Physik von Aristoteles bis auf die neueste Zeit. Bd. 1: Von Aristoteles bis Galilei * **Helmholtz, Hermann von** Reden und Vorträge, Bd. 1 * Reden und Vorträge, Bd. 2 * **Henker, Otto** Einführung in die Brillenlehre * **Henne am Rhyn, Otto** Aus Loge und Welt: Freimaurerische und kulturgeschichtliche Aufsätze * **Heppe, Heinrich** Geschichte des Pietismus und der Mystik in der reformierten Kirche, namentlich der Niederlande, Reihe ReligioSus Bd. XI * **Hillebrandt, Alfred** Buddhas Leben und Lehre, Reihe ReligioSus Bd. X * **Ishak, Mohammed Ibn** Das Leben Mohammeds, Reihe ReligioSus Bd. IX * **Jahn, Ulrich** Die deutschen Opfergebräuche bei Ackerbau und Viehzucht. Ein Beitrag zur Deutschen Mythologie und Altertumskunde * **Kalkoff, Paul** Ulrich von Hutten und die Reformation. Eine kritische Geschichte seiner wichtigsten Lebenszeit und der Entscheidungsjahre der Reformation (1517 - 1523), Reihe ReligioSus Bd. I * **Kaufmann, Max** Heines Liebesleben * **Kautsky, Karl** Terrorismus und Kommunismus: Ein Beitrag zur Naturgeschichte der Revolution * **Kerschensteiner, Georg** Theorie der Bildung * **Kotelmann, Ludwig** Gesundheitspflege im Mittelalter. Kulturgeschichtliche Studien nach Predigten des 13., 14. und 15. Jahrhunderts * **Klein, Wilhelm** Geschichte der Griechischen Kunst - Erster Band: Die Griechische Kunst bis Myron * **Kleist, Heinrich von** Die Hermannsschlacht * **Krömeke, Franz** Friedrich Wilhelm Sertürner - Entdecker des Morphiums * **Külz, Ludwig** Tropenarzt im afrikanischen Busch * **Kunze, Karl** Hanseakten aus England. 1275 bis 1412. * **Leimbach, Karl Alexander** Untersuchungen über die verschiedenen Moralsysteme * **Lewis, Timothy Richards/Cunningham, David Douglas** The Fungus-disease of India * **Liliencron, Rochus von / Müllenhoff, Karl** Zur Runenlehre. Zwei Abhandlungen * **Lorenz, Ottokar** Der Historiker Friedrich Christoph Schlosser und die Geschichtsschreibung * **Magnus, Hugo** Die antiken Büsten des Homer - eine augenärztlich-ästhetische Studie * Der Aberglauben in der Medizin * **Maier, Elisa** Wilhelm von Humboldt – Lichtstrahlen * **Mach, Ernst** Die Principien der Wärmelehre * **Mackenzie, William Leslie** Health and Disease * **Marcks, Erich Alfred** Lichtwark und sein Lebenswerk * **Maurer, Konrad** Island von seiner ersten Entdeckung bis zum Untergange des Freistaats * **Mausbach, Joseph** Die Ethik des heiligen Augustinus. Erster Band: Die sittliche Ordnung und ihre Grundlagen * **Mauthner, Fritz** Die drei Bilder der Welt - ein sprachkritischer Versuch * **Meissner, Franz Hermann** Arnold Böcklin * Meyer, **Elard Hugo** Indogermanische Mythen, Bd. 1: Gandharven-Kentauren * **Meyer, Richard M.** Altgermanische Religionsgeschichte, Reihe ReligioSus Bd. VIII * **Moulin Eckart, Richard Graf du** Der historische Roman in Deutschland und seine Entwicklung * **Müller, Adam** Versuche einer neuen Theorie des Geldes * **Müller, Conrad** Alexander von Humboldt und das Preußische Königshaus. Briefe aus den Jahren 1835-1857 * **Naumann, Friedrich** Freiheitskämpfe * **Neumann, Carl W.** Brehms Leben * **Nohl, J.** Der schwarze Tod * **Oettingen, Arthur von** Die Schule der Physik * **Ossipow, Nikolai** Tolstois Kindheitserinnerungen. Ein Beitrag zu Freuds Libidotheorie * **Ostwald, Wilhelm** Erfinder und Entdecker * **Peters, Carl** Die deutsche Emin-Pascha-Expedition * **Poestion,**

Joseph Calasanz Isländische Dichter der Neuzeit in Charakteristiken und übersetzten Proben ihrer Dichtung * **Poetter, Friedrich Christoph** Logik * **Popken, Minna** Im Kampf um die Welt des Lichts. Lebenserinnerungen und Bekenntnisse einer Ärztin * **Pott, Constance** Francis Bacon and his secret society * **Prutz, Hans** Neue Studien zur Geschichte der Jungfrau von Orléans * **Ramsdorf, Edmund** Sammlung vorzüglicher Hausmittel * **Rank, Otto** Psychoanalytische Beiträge zur Mythenforschung. Gesammelte Studien aus den Jahren 1912 bis 1914. * **Ree, Paul Johannes** Peter Candid * **Rohr, Moritz von** Joseph Fraunhofers Leben, Leistungen und Wirksamkeit * **Rubinstein, Susanna** Ein individualistischer Pessimist: Beitrag zur Würdigung Philipp Mainländers * Eine Trias von Willensmetaphysikern: Populär-philosophische Essays * **Sachs, Eva** Die fünf platonischen Körper: Zur Geschichte der Mathematik und der Elementenlehre Platons und der Pythagoreer * **Scheidemann, Philipp** Memoiren eines Sozialdemokraten, Erster Band * Memoiren eines Sozialdemokraten, Zweiter Band * **Schleich, Carl Ludwig** Erinnerungen an Strindberg nebst Nachrufen für Ehrlich und von Bergmann * Das Ich und die Dämonien * Besonnte Vergangenheit * **Schlösser, Rudolf** Rameaus Neffe - Studien und Untersuchungen zur Einführung in Goethes Übersetzung des Diderotschen Dialogs * **Schoenfeld, Emil Dagobert** Das Pferd im Dienste des Isländers zur Saga-Zeit * Der isländische Bauernhof und sein Betrieb zur Sagazeit * **Schrenck-Notzing, Albert Freiherr von** Physikalische Phänomene des Mediumismus * **Silling, Marie** Annette von Droste-Hülshoffs Lebensgang * **Suddard, Sarah J.** Mary Keats, Shelley and Shakespeare - Studies & Essays in English Literature * **Schweitzer, Christoph** Reise nach Java und Ceylon (1675-1682). Reisebeschreibungen von deutschen Beamten und Kriegsleuten im Dienst der niederländischen West- und Ostindischen Kompagnien 1602 - 1797. * **Schweitzer, Philipp** Island - Land und Leute * **Schweyer, Franz** Politische Geheimverbände - Freimaurer, Illuminaten, Rosenkreuzer u.a. * **Sommerlad, Theo** Die soziale Wirksamkeit der Hohenzollern * **Stein, Heinrich von** Giordano Bruno. Gedanken über seine Lehre und seine Art der Behandlung in Deutschland * **Strache, Hans** Der Eklektizismus des Antiochus von Askalon * **Sulger-Gebing, Emil** Goethe und Dante * **Thiersch, Hermann** Ludwig I von Bayern und die Georgia Augusta * Pro Samothrake * **Trendelenburg, Friedrich** Die ersten 25 Jahre der Deutschen Gesellschaft für Chirurgie * **Tyndall, John** Die Wärme betrachtet als eine Art der Bewegung, Bd. 1 * Die Wärme betrachtet als eine Art der Bewegung, Bd. 2 * **Virchow, Rudolf** Vier Reden über Leben und Kranksein * **Vollmann, Franz** Über das Verhältnis der späteren Stoa zur Sklaverei im römischen Reiche * **Volkmer, Franz** Das Verhältnis von Geist und Körper im Menschen (Seele und Leib) nach Cartesius * **Wachsmuth, Curt** Das alte Griechenland im neuen * **Wächter, Oskar** Vehmgerichte und Hexenprozesse in Deutschland * **Warburg, Aby** Die Erneuerung der heidnischen Antike * **Weber, Paul** Beiträge zu Dürers Weltanschauung * **Wecklein, Nikolaus** Textkritische Studien zu den griechischen Tragikern * **Weinhold, Karl** Die heidnische Totenbestattung in Deutschland * **Wellhausen, Julius** Israelitische und Jüdische Geschichte, Reihe ReligioSus Bd. VI * **Wellmann, Max** Die pneumatische Schule bis auf Archigenes - in ihrer Entwickelung dargestellt * **Wernher, Adolf** Die Bestattung der Toten in Bezug auf Hygiene, geschichtliche Entwicklung und gesetzliche Bestimmungen * **Weygandt, Wilhelm** Abnorme Charaktere in der dramatischen Literatur. Shakespeare - Goethe - Ibsen - Gerhart Hauptmann * **Wlassak, Moriz** Zum römischen Provinzialprozeß * **Wulffen, Erich** Kriminalpädagogik: Ein Erziehungsbuch * **Wundt, Wilhelm** Reden und Aufsätze * **Zallinger, Otto** Die Ringgaben bei der Heirat und das Zusammengeben im mittelalterlich-deutschem Recht * **Zehetmaier, Joseph** Leichenverbrennung und Leichenbestattung im alten Hellas * **Zoozmann, Richard** Hans Sachs und die Reformation - In Gedichten und Prosastücken, Reihe ReligioSus Bd. III

www.severus-verlag.de

www.ingramcontent.com/pod-product-compliance
Lightning Source LLC
Chambersburg PA
CBHW052128300426
44116CB00010B/1817